PEOPLE ANALYTICS

Blucher

Abraham Laredo Sicsu
Mário Antônio Buzziol

PEOPLE ANALYTICS
Guia prático para gestores

People analytics: guia prático para gestores

Publisher Edgard Blücher
Editor Eduardo Blücher
Coordenador editorial Rafael Fulanetti
Coordenação de produção Ana Cristina Garcia
Produção editorial Kedma Marques e Andressa Lira
Preparação de texto Ariana Corrêa
Diagramação Erick Genaro
Revisão de texto Regiane da Silva Miyashiro
Capa Laércio Flenic
Imagem da capa iStockphoto

Blucher

Rua Pedroso Alvarenga, 1245, 4º andar
04531-934 – São Paulo – SP – Brasil
Tel.: 55 11 3078-5366
contato@blucher.com.br
www.blucher.com.br

Segundo o Novo Acordo Ortográfico, conforme 6. ed. do *Vocabulário Ortográfico da Língua Portuguesa*, Academia Brasileira de Letras, julho de 2021.

Dados Internacionais de Catalogação na Publicação (CIP)
Angélica Ilacqua CRB-8/7057

Sicsu, Abraham Laredo

People analytics : guia prático para gestores / Abraham Laredo Sicsu, Mário Antônio Buzziol. -- São Paulo : Blucher, 2025.

140 p.

Bibliografia
ISBN 978-85-212-2540-9

1. Estatística 2. Negócios 3. Gestão I. Título II. Buzziol, Mário Antônio

25-0518 CDD 310

Índice para catálogo sistemático:
1. Estatística

Ao meu filhão, Marcos, grande companheiro.

Abraham Laredo Sicsu

Aos meus pais, que com o exemplo
me ensinaram tudo o que era importante.

Ao meu filho, Felipe, que me deu a oportunidade de ser pai
e aprender o que realmente é o amor. Meu maior orgulho!

Ao mestre e amigo que me ensinou a ensinar e me deu,
generosamente, a oportunidade de participar deste livro.

Mário Antônio Buzziol

Conteúdo

Apresentação

People Analytics não é apenas um conjunto de técnicas estatísticas. É uma forma de pensar e atuar para resolver os complexos problemas da gestão do capital humano de uma empresa. A utilização correta de dados adequados, associada à experiência dos gestores de recursos humanos, conduz sempre a decisões mais eficazes que as obtidas simplesmente de forma subjetiva.

Infelizmente, a aparente complexidade das técnicas para analisar e utilizar dados na tomada de decisões tem desmotivado os gestores a aplicar os princípios e conhecimentos de *People Analytics.*

Este livro, resultado de anos de experiência dos autores lecionando métodos estatísticos a participantes sem sólida formação quantitativa, apresenta as técnicas estatísticas fundamentais em *People Analytics* através de exemplos, destacando sua importância e desmistificando conceitos aparentemente complexos. Aspectos teóricos são omitidos sem comprometer a qualidade do entendimento e aprendizado.

Utilizando exemplos e dados baseados em casos reais, encontrados na gestão de recursos humanos, mostramos quando aplicar as diferentes ferramentas estatísticas e como interpretar e utilizar os resultados obtidos para a tomada de decisões. Para reforço do aprendizado apresentamos, ao fim de cada capítulo, exercícios com diferentes bases de dados.

As análises de dados e as técnicas de modelagem estatística são aplicadas com o software gratuito jamovi extremamente simples e intuitivo, cuja utilização ilustramos através de exemplos. Este software vem ganhando cada vez mais usuários no mundo inteiro, especialmente em cursos da área de humanas.

Esperamos alcançar nosso principal objetivo que é motivar os gestores de pessoas a utilizar, sem receio, este importante conjunto de conhecimentos para obter decisões cada vez mais eficazes para benefício de suas empresas.

Boa leitura!

CAPÍTULO 1

O que é *People Analytics* (PA)

1.1 UM CENÁRIO COMUM

Uma empresa está com dificuldades para sustentar os negócios devido à rotatividade de colaboradores-chave em suas operações. Isso tem impactado a satisfação dos clientes e o clima organizacional. O *market share* indica uma perda de mercado e há pressão da alta administração para uma solução eficaz.

Os gestores já discutiram formas de reter esses colaboradores, com ações de remuneração e bonificação, mas notaram que o efeito não é duradouro. Além disso, os recursos são limitados e essas ações nunca são bem ajustadas. Em particular, há cinco colaboradores que preocupam atualmente a direção.

Quem tem maior chance de pedir demissão? Poderíamos conversar com esses colaboradores para tentar estimar o risco de eles deixarem a empresa, mas seria um exercício pessoal e intuitivo, com base nas crenças construídas a partir de experiências anteriores.

A identificação incorreta dos colaboradores com maior risco de saída teria como consequência o foco incorreto das ações de retenção, consumindo os recursos valiosos e limitados da empresa.

Tabela 1.1 Algumas informações sobre os colaboradores que preocupam a direção

Colaborador	Idade	Tempo de empresa	Última avaliação	Última rotação (anos)	Distância do trabalho	Perfil MBTI[1]
Felipe	26	2	ME	1	5	ISTJ
Manuela	30	4	ME	0	17	ENTP
Marcos	41	9	EE	1	17	ESTP
Bianca	37	5	EE	1	18	ENFP
André	53	7	ME	3	21	INFJ

Legenda: ME – atende todas; EE – excede expectativas.

Esse cenário parece familiar? Ele é muito comum e desperta dúvidas da alta administração sobre a capacidade dos gestores das diferentes áreas da empresa, inclusive do RH, em tomar decisões corretas, proativas e com base em dados, como costuma acontecer em boa parte das demais áreas da empresa.

A tomada de decisões com base em dados sobre os colaboradores faz parte do papel estratégico do RH, que muitos executivos não percebem em suas organizações.

David P. Norton, renomado executivo e professor de gestão, comentou no prefácio do livro *The HR Scorecard*:[2]

> A equipe executiva típica tem alto grau de conhecimento e consenso sobre a estratégia financeira bem como sobre as prioridades para a melhoria dos processos operacionais [...]. Mas tem baixa compreensão das estratégias para o desenvolvimento do capital humano. Há baixo consenso, pouca criatividade e não há uma estrutura concreta para analisar o assunto (2001, prefácio).

Então, como podemos analisar os dados de nosso cenário e tomar decisões qualificadas?

1.2 O QUE É *PEOPLE ANALYTICS* (PA)

Do ponto de vista estratégico, o *People Analytics* (PA) contribui para tomada de decisões qualificadas sobre temas que agregam valor aos negócios. Dave Ulrich, renomado executivo e professor de gestão com foco em RH, comentou em seu artigo[3] sobre a evolução do papel do *HR Business Partner*: "HR *analytics* trata-se de acessar e usar informações para melhorar a criação de valor do RH" (Ulrich, 2018, tradução nossa).

Do ponto de vista operacional, o PA ajuda a entender como as características associadas às pessoas podem impactar suas decisões, comportamentos ou ações. Esse entendimento permite fazer previsões mais corretas.

1 Mais informações sobre o MBTI podem ser obtidas em https://www.myersbriggs.org/my-mbti-personality-type/myers-briggs-overview/.

2 Norton, D. Prefácio. *In*: Becker, B. E.; Huselid, M. A.; Ulrich, D. *Gestão estratégica de pessoas com "scorecard"*: interligando pessoas, estratégia e performance. Elsevier, 2001.

3 Ulrich, D. HR business partner 2.0. *HRD Connect*, [*S. l.*], 21 ago. 2018.

O filme *O homem que mudou o jogo*[4] é usado com frequência para ilustrar o poder das decisões sobre pessoas com base em dados. O personagem protagonista é um técnico americano de baseball que, com recursos limitados, tem o desafio de montar uma equipe competitiva. No início, as decisões de contratação ou dispensa de jogadores eram baseadas apenas na experiência dos gestores. Ao usar um analista de dados, o técnico consegue enxergar aspectos determinantes para a formação de um time poderoso e para escalar a melhor equipe, em função de cada adversário.

PA trata da utilização de dados sobre os colaboradores da empresa (demográficos, desempenho, satisfação, desenvolvimento etc.). Esses dados são analisados com a ajuda de técnicas estatísticas e de inteligência artificial para identificar padrões, correlações e diferentes perfis de comportamento.

Essas análises não dispensam conhecimento e experiência dos profissionais de RH. Muito pelo contrário, eles é que deverão selecionar os processos a gerenciar, identificar os dados que podem ajudar a entender as causas dos problemas e orientar como utilizar os resultados de forma eficaz. Esses profissionais normalmente não gostam e até rejeitam o uso de métodos estatísticos de análise de dados. Portanto, pode ser necessário envolver outros profissionais nessa jornada, mas sem dúvida será um trabalho conjunto entre aqueles que possuem conhecimento sobre pessoas e os que possuem capacidade analítica.

Os gestores da empresa e profissionais de RH podem ter dúvidas sobre como medir certos aspectos do comportamento dos seus colaboradores. Esse é um dos argumentos usados para não utilizar dados. Porém, hoje dispomos de diferentes instrumentos usados para medir atitudes e comportamentos, como pesquisas de clima, análise de perfil e entrevistas estruturadas. Além do mais, as empresas registram medidas mais fáceis de serem coletadas, como o tempo em que são colaboradores da empresa, distância da casa ao trabalho ou tamanho da família, que podem ter relação com o problema estudado (absenteísmo ou produtividade, por exemplo).

As técnicas de análise usadas não garantirão decisões livres de erros, mas a experiência relatada por vários autores permite afirmar que, na maior parte das vezes, serão menores que as decisões tomadas com base na intuição e avaliação pessoal dos gestores.

Podemos argumentar que nossa intuição e avaliação pessoal foram construídas não apenas com base em nossas experiências anteriores, mas também com base em estudos formais amplamente divulgados. Porém, tais estudos normalmente fazem generalizações a partir de amostras de empresas e colaboradores que não necessariamente representam o ambiente, a cultura, o país, o tipo de negócio e o perfil dos colaboradores da empresa. Afinal, como costumamos dizer, "*nossa empresa é diferente*".

O PA vem ganhando visibilidade justamente por tornar acessível a análise de dados de colaboradores para a tomada de decisões assertivas para a empresa, com foco nos temas relevantes para alcançar os objetivos estratégicos específicos do negócio.

Voltando aos cinco colaboradores da Tabela 1.1, com a ajuda do PA é possível identificar quais fatores impactam a decisão de desligamento voluntário (poderia haver outros, não listados anteriormente), o grau de impacto de cada um, ou seja, qual fator pesa mais na decisão e, finalmente, prever o risco de saída com base em fatores relevantes. Na linguagem técnica, determinaríamos o modelo que "explica" o desligamento.

4 Produção de Michael De Luca, Rachael Horovitz, Brad Pitt. [*S. l.*]: Columbia Pictures, 2012.

As ações de retenção poderiam ser ajustadas com base nesse conhecimento. Por exemplo, se o principal fator fosse o tempo de rotação, poderíamos rever o processo de divulgação interna de vagas ou instituir um plano de rotação proativo, considerando o tempo em que a insatisfação começar a pesar na decisão, com base no que indica o modelo.

1.3 OS ESTÁGIOS DE MATURIDADE EM *PEOPLE ANALYTICS* (PA)

O leitor deve ter notado que o exemplo anterior (rotatividade dos colaboradores) surgiu a partir de uma necessidade da empresa. As empresas que têm usado o PA com maior valor agregado definem projetos a partir do planejamento estratégico/tático. Esse plano desdobra-se em prioridades por processos (que podem envolver uma ou mais áreas), na busca de ações para melhorá-los. Assim, as decisões contribuem de fato para os resultados do negócio. O PA trata das questões relacionadas à gestão de pessoas, as quais, certamente, têm um impacto fundamental no alcance de bons resultados para o negócio.

Costuma-se definir os estágios de aplicação ou maturidade do PA da seguinte forma:

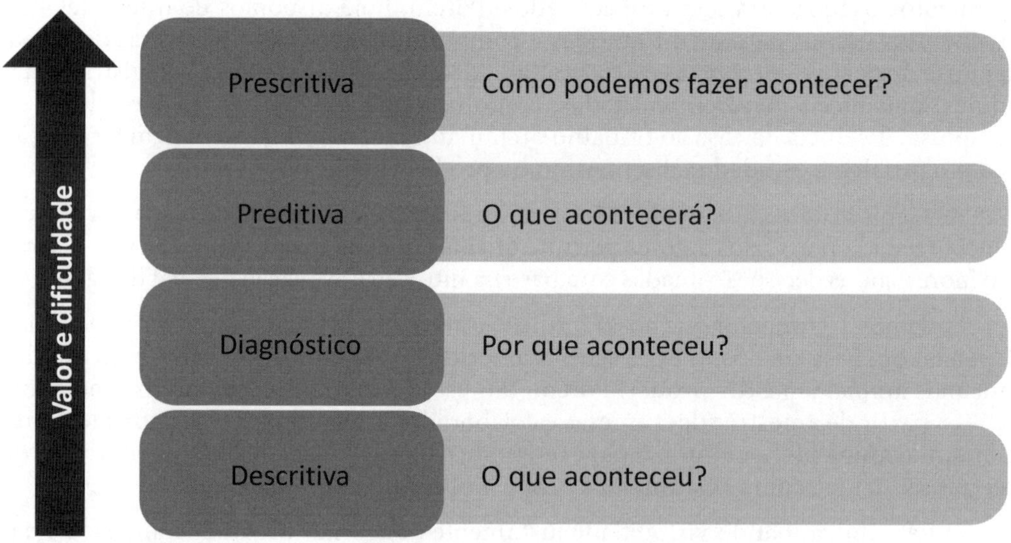

Figura 1.1 Estágios de aplicação ou maturidade.[5]

No início, as empresas costumam coletar dados básicos sobre os colaboradores para caracterizar seu perfil e, eventualmente, responder a questões legais. Esses dados

5 Baseada na descrição das técnicas de *Analytics* citadas pela Gartner® em "*What is data and analytics*?". https://www.gartner.com/en/topics/data-and-analytics.

são tipicamente a data de início da atividade, a idade, o local de trabalho, sexo e salário dos colaboradores, dentre outros. Costumam estar associados ao sistema de folha de pagamento.

À medida que a empresa procura usar indicadores-chave para a gestão de pessoas, os KPI (*Key Performance Indicator*), por exemplo, *turnover*, absenteísmo, performance, treinamento etc., experimenta-se o primeiro estágio de maturidade em PA. Esses dados são coletados regularmente e organizados de forma dinâmica em *dashboards*, como os construídos com o Power BI® ou Tableau®. Essa organização dos dados permite uma primeira análise para descrever o que aconteceu, mas ainda é bastante limitada para permitir um entendimento adequado dos fatores que afetam o comportamento desses indicadores. Esse estágio é tipicamente descritivo, ou seja, apenas retrata o passado.

No segundo estágio, Diagnóstico, as empresas começam a usar métodos e ferramentas de análise estatística para identificar as causas que explicam o comportamento desses indicadores. É o passo fundamental para tomar decisões qualificadas e modificar o futuro. Por exemplo, se, no estágio Descritivo, apenas constatamos que o *turnover* aumentou, no segundo estágio, identificamos a(s) causa(s) desse aumento.

Após conhecer as causas, em um terceiro estágio, o Preditivo, podemos prever quais serão as alterações dos indicadores em função de ações corretivas sobre essas causas. Por exemplo, podemos estimar o efeito das possíveis ações do RH na evolução do *turnover*.

No estágio mais maduro, Prescritivo, determinamos o melhor caminho para obter ou influenciar os resultados. Usamos os *insights* das fases anteriores para identificar o que deve ser feito para obter o resultado desejado. As decisões consideram tanto o conhecimento existente quanto técnicas de otimização (por exemplo, simulação) que determinam o melhor resultado a partir das restrições existentes.

Do primeiro ao quarto estágio, evoluímos da mera apresentação de informações para ações de melhoria baseadas em dados. Da visão do passado para a visão do futuro. A dificuldade das análises cresce, mas o valor da tomada de decisão para os negócios compensa esse crescimento.

1.4 ALGUNS CASOS DE SUCESSO

O uso do PA nas empresas não é tão recente quanto se pensa. Há casos isolados de aplicações que tiveram sucesso e seu uso vem se disseminando fortemente nos últimos anos.

MOTOROLA

A Motorola iniciou a fabricação de telefones celulares no Brasil em 1996. Seu objetivo de negócio era impactado pela habilidade da própria empresa em selecionar corretamente colaboradores operacionais com as competências necessárias.

A área de RH[6] utilizou, como parte do processo de seleção, testes desenhados para avaliar o nível de conhecimento e habilidade dos candidatos em certas áreas. Isso servia como filtro para as etapas seguintes de seleção. Esses testes foram validados estatisticamente, demonstrando que havia uma correlação forte entre os resultados nos testes e o desempenho no trabalho. Sem entrar em detalhes, neste momento, a Figura 1.2 ilustra essa conclusão. Os pontos representam os colaboradores, e a posição deles no gráfico representa a nota no teste de aptidão e o seu desempenho no trabalho. A nuvem de pontos indica uma tendência crescente, ou seja, quanto maior a nota no teste, maior o desempenho no trabalho.

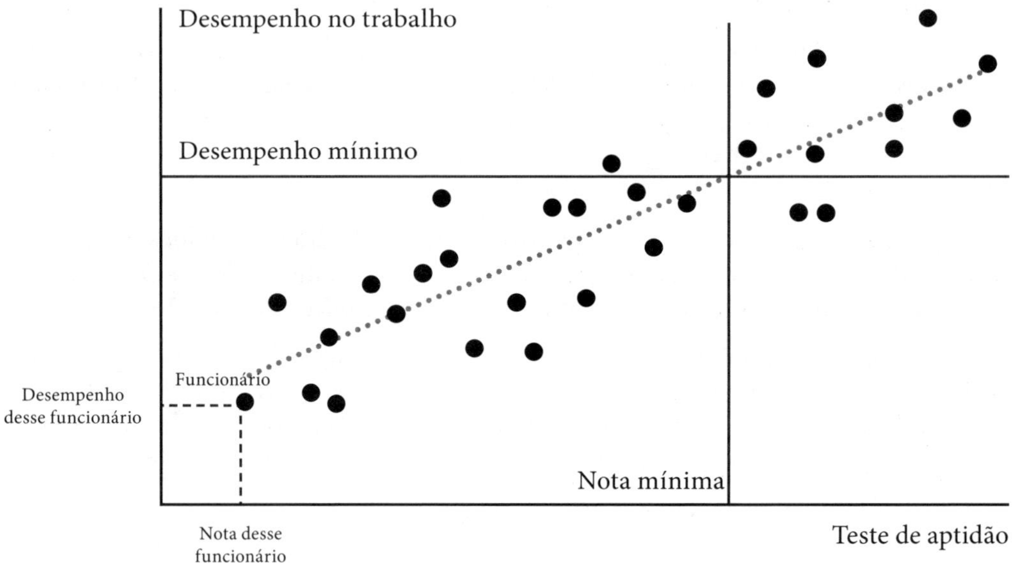

Figura 1.2 Gráfico de dispersão ilustrando a correlação entre o teste de aptidão e o desempenho no trabalho.

Com base nessa análise, três ações foram tomadas:

1) Determinou-se a nota mínima de aprovação baseada no nível de desempenho mínimo esperado.
2) Selecionou-se as fontes de candidatos com melhor desempenho.
3) Identificou-se ações para orientar as demais fontes para aperfeiçoar a formação de novos candidatos, aumentando, assim, a base de recrutamento qualificado.

Vale ressaltar que estas conclusões foram determinadas para as necessidades do Brasil, considerando a base de candidatos na região da empresa.

6 Projeto desenvolvido pelo autor sob a coordenação da área corporativa da empresa.

GOOGLE

A Google é, talvez, a empresa que mais se destacou no uso de PA até o momento. Há vários exemplos de aplicação.

O projeto *Oxygen*,[7] amplamente divulgado, buscou demonstrar a importância do papel dos gestores, cuja necessidade vinha sendo questionada, devido ao perfil técnico da Empresa. Sua importância foi confirmada, medindo e comparando o desempenho, satisfação e retenção de colaboradores sob supervisão de diferentes gestores.

Além disso, foi possível identificar dez características relevantes dos gestores modelo. A jornada de desenvolvimento de gestores também foi redesenhada levando em consideração tais características. Adicionalmente, foi desenvolvida uma avaliação específica, que é aplicada duas vezes ao ano para todos os gestores.

Algumas conclusões podem ter coincidido com estudos acadêmicos abrangentes, mas a análise feita com os dados da empresa assegurou a validade das conclusões diante dos executivos e colaboradores, aumentando a confiança e facilitando a implementação de ações.

Em outro estudo,[8] no processo de seleção de novos funcionários, foi reduzida significativamente a quantidade de entrevistas realizadas após determinarem que apenas as quatro primeiras eram suficientes para se ter uma decisão segura.

NIELSEN

A Nielsen[9] é uma empresa global de informação, dados e medição que oferece uma variedade de informações em pesquisas de mercado.

A empresa observou seu *turnover* aumentando continuamente. Examinaram, então, a relação de variáveis existentes (idade, sexo, tempo na função e avaliação de desempenho, dentre outras) com o desligamento dos colaboradores.

Dentre outros *insights*, a empresa notou que o *turnover* foi maior no primeiro ano. E esses colaboradores receberam atenção especial para garantir que criassem conexões críticas (por exemplo, contatos periódicos com gestores e pares) mais rapidamente. Isso se provou condição importante para a retenção desses colaboradores.

Outro *insight* identificou a importância das promoções laterais como um forte motivador para a retenção. Os colaboradores identificados com alto risco de desligamento foram contactados e a empresa conseguiu mover 40% deles para uma nova função lateral. Essa ação aumentou a chance de retenção em 48%.

---

7 https://hbr.org/2013/12/how-google-sold-its-engineers-on-management.

8 https://www.orgvue.com/resources/research-report/strategic-workforce-analytics-research-report/.

9 https://www.aihr.com/blog/hr-analytics-case-studies/.

CREDIT SUISSE[10]

A *Credit Suisse* desenvolveu um modelo para prever quem tinha alto risco de desligamento. A partir desse modelo, foi possível identificar a causa da decisão dos colaboradores. Essa informação era fornecida aos gestores, permitindo que eles tomassem ações nos fatores chave para reduzir o risco de *turnover.*

Além disso, alguns gestores foram treinados para reter colaboradores de alta performance que tinham alto risco de desligamento. No total, essa iniciativa viabilizou uma economia de aproximadamente $ 70 milhões anualmente para a empresa.

IBM

O relatório *Strategic Workforce Analytics Research Report*[11] cita que, na IBM, o desafio era melhorar o clima organizacional. A empresa monitorou padrões (palavras-chave) nas publicações em redes sociais internas, buscando entender as principais causas de insatisfação. Erros na forma de conceder feedback e na comunicação interna foram identificados como fatores-chave, e, assim, as ações focadas nesses fatores contribuíram para a melhoria do clima organizacional.

A empresa utilizou sua plataforma de *machine learning* (IBM - *Watson Machine Learning*) para desenvolver *coaching* de carreira. Esse recurso ajuda os colaboradores a tomar decisões de desenvolvimento e transição de carreira. O sistema *Blue Matching* utiliza inteligência artificial para encontrar oportunidades internas que se alinham com suas aspirações e competências, e também identifica oportunidades ignoradas pelos colaboradores. Nesse mesmo relatório, David Green, *People Analytics Leader*, disse: "Alguém pode ter um plano específico de carreira em mente, mas o algoritmo pode sugerir uma carreira paralela em outra área de negócio onde competências equivalentes são necessárias".

O sistema *Blue Matching* também ajudou a IBM a melhorar seu planejamento da força de trabalho. Os colaboradores são motivados a manterem seus perfis atualizados e isso dá uma visão mais precisa das competências existentes. A empresa também pode indicar oportunidades de trabalho e programas de treinamento, incentivando seus colaboradores a desenvolverem competências que serão necessárias no futuro.

E.ON[12]

A empresa alemã de energia E.ON enfrentava problemas com absenteísmo. A equipe que analisou o assunto formulou 55 possíveis hipóteses, testou 21 e confirmou 11. O resultado da análise derrubou certos mitos, por exemplo, que a venda dos dias de

10 https://www.aihr.com/blog/hr-analytics-case-studies/.

11 https://www.orgvue.com/resources/research-report/strategic-workforce-analytics-research-report/.

12 https://www.orgvue.com/resources/research-report/strategic-workforce-analytics-research-report/.

férias não gozadas para a empresa não aumentava a chance de ausências justificadas. Neste caso, o mais importante era a duração e o momento das férias. Ter apenas um único período longo de férias por ano aumentava a chance de absenteísmo. Da mesma forma, vários pequenos períodos, sem um período mais longo em algum momento do ano, eram fatores que também impactavam o absenteísmo.

Estes insights contribuíram para a atualizações das políticas de concessão de férias, após testar o impacto de várias opções.[13]

CISCO[14]

A empresa usou o PA para ajudá-la a determinar a localização de novos escritórios. Os gestores combinaram vários dados, incluindo a taxa de utilização atual dos escritórios, custo e disponibilidade de talentos-chave em várias localidades, inclusive disponibilidade de recém-formados de universidades locais para determinar os pontos a favor e contra de cada localidade, minimizando a competição com grandes concorrentes pelos talentos críticos.

No relatório *Strategic Workforce Analytics Research Report* menciona o comentário seguinte de Ian Bailie, diretor sênior de *People Planning, Analytics and Tools* da Cisco:

> Nós provavelmente teríamos seguido com a decisão original de localização, e nossa equipe de recrutamento teria enfrentado muita dificuldade para preencher as vagas com os talentos necessários. O mapeamento de talentos nos ajudou a evitar este cenário. Agora, a área de negócios reconhece o valor do que podemos fazer e eles nos procuram com bastante antecedência no planejamento de novos escritórios, pedindo nossa ajuda.

1.5 POR ONDE COMEÇAR

Neste momento, não estamos detalhando a análise em si, mas as oportunidades de aplicação. Podemos usar o poder do PA em todo o ciclo de vida de um funcionário e tratar as oportunidades relacionadas a:

- Recrutamento e seleção.
- Admissão e integração.
- Engajamento.
- Desempenho.
- Desenvolvimento.
- Desligamento.

---

13 As leis trabalhistas na Alemanha tratam a concessão de férias de forma diferente do Brasil.

14 https://www.orgvue.com/resources/research-report/strategic-workforce-analytics-research-report/.

Muitas vezes já temos indicadores nessas áreas (KPI) e, por isso, consideramos iniciar por elas. Mas esses indicadores, sem dúvida, muito importantes, não devem ser o critério de escolha dos projetos. A escolha dos projetos de PA deve responder a uma questão que agregue valor para os negócios. Os projetos devem ter as seguintes características:[15]

1) Descoberta – Dizer aos gestores algo que eles ainda não saibam.
2) Relevância – Algo que é importante para os negócios.
3) Ação – Algo que levará a uma intervenção significativa.

Os temas clássicos de RH podem estar continuamente associados a questões recorrentes de negócios e serem candidatos naturais em um projeto, mas nunca perca de vista a questão central: temas que tenham impacto nos resultados de negócio devem ter prioridade.

Perguntas que podem ajudar nessa escolha:

- Quais são nossas maiores preocupações?
- Quais são os temas recorrentes?
- Quais são as reclamações dos gestores de diferentes áreas, em relação aos colaboradores?
- Quais são as necessidades futuras da organização?

1.6 PASSOS BÁSICOS PARA UM PROJETO

1) Defina o objetivo a ser atingido

O objetivo deve ser SMART (Específico, Mensurável, Atingível, Relevante e com Prazo definido – do inglês, *SMART: Specific, Measurable, Achievable, Relevant, Time-based*). Por exemplo: reduzir a rotatividade nas funções operacionais de atendimento ao cliente em 50% até o final do ano fiscal. Uma definição bem-feita auxilia na definição do escopo do projeto e na determinação dos recursos necessários, incluindo a equipe de trabalho.

2) Defina a métrica do problema

A métrica, ou seja, a forma de quantificar o problema, está associada ao resultado. Por exemplo: *turnover*, absenteísmo, desempenho, engajamento, satisfação. A métrica deve refletir adequadamente o problema que queremos medir. Parece óbvio, mas, muitas vezes, usamos métricas existentes porque já estão disponíveis, e não porque são a melhor forma de quantificar o problema.

Por exemplo, a empresa pode medir o desempenho de um colaborador uma vez por ano, usando uma escala definida pela corporação. Dependendo do problema em estudo, pode ser necessário medir o desempenho em outra escala, mais detalhada ou, ainda, incorporando não apenas o atingimento de metas numéricas, mas

15 Chartered Institute of Personnel and Development. *Getting started with people analytics*: a practitioners' guide, [*S. l.*]: CIPD, 2018. 8 p., tradução nossa.

também os comportamentos esperados. Pode ser necessário, nesse caso, medir com maior frequência, por semestre ou trimestre.

Os profissionais de psicologia podem usar instrumentos de avaliação ou testes desenvolvidos com a ajuda da psicometria para quantificar o construto[16] desejado.

3) Levante hipóteses sobre possíveis causas ou relações

Esse levantamento deve considerar a perspectiva interna dos profissionais de RH e dos gestores e, sempre que possível, de outros profissionais que estudam o comportamento humano.

Aqui devemos listar todos os fatores que suspeitamos ter influência no resultado. As análises estatísticas nos ajudarão a examinar a influência de cada fator e as eventuais influências da combinação (interação) de fatores. Por exemplo: a distância até o trabalho pode influenciar o absenteísmo, mas quando combinado com o tamanho da família, o impacto pode ser muito maior.

4) Colete e organize os dados

Os fatores que eventualmente podem influir no indicador utilizado como métrica do problema podem ser medidas e informações existentes, coletadas regularmente e mantidas em um banco de dados de RH (cadastro do colaborador, folha de pagamento, avaliações de desempenho, treinamentos realizados etc.).

Para fatores listados, os quais a empresa não tenha dados coletados, devemos planejar a coleta com cuidado para que a medição seja confiável e representativa. Por exemplo, se um dos possíveis fatores for tempo de experiência, pode ser necessário obter essa informação consultando os registros na carteira profissional, e não no currículo do colaborador.

Eventualmente, serão necessárias pesquisas específicas para coletar informações não disponíveis na empresa ou, ainda, produzir relatórios específicos usando dados já coletados em pesquisas confidenciais, como pesquisas de clima organizacional.

Para os dados existentes, mas que estejam guardados em bases de dados diferentes, um cuidado especial deve ser tomado com a consistência das informações. Trataremos disso mais adiante.

5) Faça uma análise exploratória dos dados

A análise exploratória consiste em descrever e analisar o comportamento geral dos dados, buscando revelar informações interessantes e eventuais inconsistências que podem ter origem na coleta de dados ou no uso de bases diferentes de dados. Por exemplo, o tempo de trabalho na empresa registrado na base de dados ser maior que a idade do colaborador. Usamos ferramentas estatísticas gráficas e analíticas para a análise exploratória dos dados. Esse assunto será tratado no Capítulo 3.

---

16 Um construto é um conceito ou característica que não pode ser observado diretamente, mas pode ser medido indiretamente pela observação de outros indicadores que estão associados a ele. Exemplos: satisfação no trabalho, inteligência, depressão.

6) Determine o modelo que descreve o comportamento em estudo

A construção de um modelo consiste, em geral, na determinação de uma equação matemática que descreve o comportamento do resultado (Y) em função dos fatores significativos (Xs).

Por exemplo: ao analisar o resultado de absenteísmo (Y) em uma empresa, poderíamos encontrar uma forte relação com idade (X_1), distância da casa ao trabalho (X_2) e o nível de engajamento (X_3), expressa da seguinte forma:

absenteísmo = 0,3 x distância – 0,8 x idade – 1,5 x engajamento

Tais modelos devem ser construídos exclusivamente com base nos dados da empresa, pois devem refletir a sua realidade. Os modelos são representações matemáticas dessa realidade. Modelos encontrados na literatura nem sempre explicam o comportamento da sua empresa.

A partir do Capítulo 4, apresentaremos ferramentas estatísticas para a determinação de tais modelos.

7) Tire conclusões e formule ações de mudança

Usando o exemplo anterior, ao entender quais fatores afetam significativamente o resultado de absenteísmo e o grau de influência na variação desse indicador, podemos discutir de forma mais objetiva e assertiva quais ações devem ser tomadas.

Não se trata, por exemplo, de contratar apenas pessoas a partir de certa idade, pois a análise do modelo indica que, quanto mais jovem, maior a chance de faltar ao trabalho. Descobrimos, com base no modelo, que a idade impacta no absenteísmo e devemos, agora, identificar, por exemplo, quais os motivos de absenteísmo estão associados às pessoas mais jovens, para, então, discutir possíveis ações. Pode ser que a prevalência seja de acidentes esportivos. Ações de conscientização e prevenção, focadas nos esportes praticados, serão a melhor forma de tratar o assunto.

O modelo também revela que o engajamento contribui significativamente com o absenteísmo. Investigações podem indicar maior volume de ausências associadas a desbalanço na carga de trabalho ou no estilo de liderança, que afetam o engajamento.

1.7 ALGUNS DESAFIOS E RECOMENDAÇÕES

Os desafios mudam dependendo do estágio de maturidade no uso do PA.

BARREIRAS BÁSICAS

As barreiras básicas começam com a coleta, disponibilidade e qualidade dos dados sobre pessoas. Os dados podem estar em bases de dados diferentes, que não se integram com facilidade. A definição das métricas pode ter sido feita com base em um padrão de mercado ou pela facilidade de coleta, mas isso nem sempre é o mais adequado para medir o problema que desejamos atacar. Apresentaremos várias recomendações sobre isso nos Capítulos 2 e 3.

PROFISSIONAIS INTERESSADOS E QUALIFICADOS

Os profissionais de RH podem ter dificuldade em lidar com análises estatísticas e até mesmo com o conhecimento em psicologia e outras ciências humanas que são fundamentais para estudar o comportamento humano. Procure reunir profissionais (RH e gestores) com interesse legítimo em aperfeiçoar a tomada de decisões, com base em dados, sobre gestão de pessoas. Esse grupo de profissionais pode ser formado para tratar especificamente sobre os temas de interesse em um determinado projeto. Certifique-se de que há pessoas com experiência em análises estatísticas e conhecimento em ciências humanas, especialmente psicologia. Pode ser necessário obter ajuda externa, caso não tenha profissionais com as características citadas.

STAKEHOLDERS

De forma paradoxal, mesmo quando a expectativa dos gestores é ter decisões sobre gestão de pessoas baseadas em dados, podemos encontrar uma cultura, tanto da empresa quanto dos seus gestores, que fomenta decisões de curto prazo com base na experiência e na intuição. Portanto, envolva os gestores desde o início do projeto, faça apresentações executivas para demonstrar o progresso, ao mesmo tempo que educa tais gestores em PA. Identifique os *stakeholders* (pessoas impactadas e interessadas no projeto) e determine suas posições em relação ao projeto, conforme ilustra a Tabela 1.2.

Tabela 1.2 Mapeamento dos *stakeholders*

Nome/função	Posicionamento				
	– 2	– 1	0	+ 1	+ 2
Helena – Diretora de operações			0X		
Solange – Suporte ao cliente	0			X	
Maria – Diretora de marketing		0	X		
Roberta – Diretora de RH				0	X

Legenda: 0 – posição atual; X – posição desejada.

Defina as expectativas sobre cada *stakeholder* para facilitar a identificação das ações e monitore a evolução do posicionamento, identificando novas ações, se necessário. Esse mapeamento pode ajudar a priorizar ações, sobretudo com os formadores de opinião.

A análise de *stakeholders* pode se aprofundar bastante. Para mais detalhes, sugerimos os materiais do *Project Management Institute* (PMI).[17]

DESENVOLVIMENTO DE COMPETÊNCIAS

Use o projeto não apenas para resolver o problema, mas também para formar profissionais nas disciplinas envolvidas em PA.

Se decidir usar ajuda externa, garanta a transferência de *know-how* por meio de treinamentos sincronizados com as fases do projeto. Você pode decidir treinar a equipe antes para executar o projeto depois, no entanto, os melhores resultados no desenvolvimento de competências ocorrem quando há treinamento, projeto e mentoria simultaneamente.

As pessoas envolvidas no primeiro projeto podem ser o embrião de uma equipe multidisciplinar permanente para o uso de PA ou ser reunidas por projetos.

17 Smith, L. W. (2000). *Stakeholder analysis: a pivotal practice of successful projects*. Paper presented at Project Management Institute Annual Seminars & Symposium, Houston, TX. Newtown Square, PA: Project Management Institute.

CAPÍTULO 2

Dados – O ingrediente fundamental

2.1 COMO IDENTIFICAR OS DADOS QUE SERÃO UTILIZADOS NAS ANÁLISES

Identificar os dados que serão utilizados nas análises é uma das tarefas mais difíceis em *People Analytics* (PA). Não devemos simplesmente usar todos os dados disponíveis e deixar o algoritmo de *analytics* selecionar os fatores que contribuem para o problema.

O papel dos profissionais de RH, sobretudo aqueles com formação em psicologia e demais ciências humanas, é fundamental para determinar os fatores que podem ter impacto no problema em que se está estudando. Por isso, esses profissionais devem fazer parte da equipe de projeto, mesmo que seja apenas no momento de identificação e análise dos fatores potenciais.

Uma boa prática para listar os fatores que podem ter impacto no problema é o uso do *brainstorming* associado a um mapa mental. Um formato popular de mapa mental é o diagrama de Ishikawa, também conhecido como *causa e efeito* ou *espinha de peixe*.

Para construí-lo, a equipe deve seguir os seguintes passos:

1) Escrever o problema na "cabeça do peixe". Neste exemplo, trataremos de absenteísmo.

2) Listar as principais famílias de fatores que podem impactar o problema. Por exemplo, Ambiente, Família, Motivação e Saúde.

3) Identificar fatores específicos dentro de cada uma dessas famílias, contando com a experiência dos profissionais de RH e gestores envolvidos.

4) Caso seja necessário, detalhar a possível causa raiz. Por exemplo, "localização do trabalho" poderia ter duas possíveis causas raízes: "facilidade de acesso" e "distância". Já "doença física" poderia ser desdobrada em "doença crônica" e "tratamento complexo".

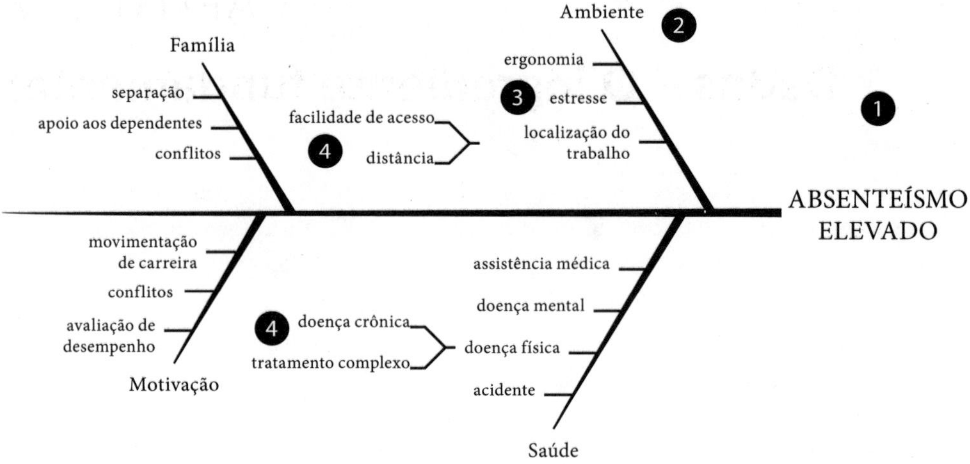

Figura 2.1 Exemplo de um diagrama de *Ishikawa*.

Ao final do *brainstorming*, a equipe terá uma visão ampla sobre os possíveis fatores que podem impactar o problema. A partir daí, seus membros podem selecionar aqueles que acreditam ser os mais prováveis. Esses fatores serão considerados nas análises iniciais e, ao longo do estudo, outros fatores poderão ser agregados.

Para muitos desses fatores, algumas empresas não possuem uma medida específica. Portanto, o próximo passo é definir como medir cada um deles ou identificar formas de medição já validadas, disponíveis na literatura. Por exemplo, para medir estresse, pode-se considerar a Escala de Estresse Percebido (PSS – *Perceived Stress Scale*).[1]

2.2 A QUALIDADE DA MEDIÇÃO

Nunca é demais lembrar que "Se você não pode medir algo, você não pode melhorá-lo". Porém, apenas medir não é garantia de obter *insights* qualificados e decisões assertivas. Uma análise estatística feita com dados ruins conduzirá provavelmente a conclusões equivocadas ("Entra lixo, sai lixo").

1 Artigo original: Cohen, S.; Kamarck, T.; Mermelstein, R. A global measure of perceived stress. *Journal of Health and Social Behavior*, v. 24, n. 4, p. 385-396, dez. 1983. Artigo de validação da versão brasileira: Reis, R. S.; Hino, A. K. F.; Rodriguez-Añez, C. R.. Perceived stress scale: reliability and validity study in Brazil. *Journal of Health Psychology*, v. 15, n. 1, p. 107-114, 2010.

As medidas devem ser feitas a partir de uma *definição operacional* clara, que conduza a valores não ambíguos. Ela costuma incluir o que medir, como medir, onde medir e o formato do registro da medida.

Por exemplo, ao medir "tempo de emprego" surgem algumas dúvidas: devemos contabilizar a soma dos tempos de um funcionário que entrou e saiu da empresa mais de uma vez? Devemos medir em anos ou meses? A forma de medir deve ser definida de maneira clara e não ambígua para que dois analistas distintos meçam esse tempo da mesma forma, encontrando o mesmo valor. Por exemplo, podemos definir: *tempo de serviço é o número de meses completos trabalhados por um funcionário regular, considerando o último contrato de trabalho ativo, medido a partir da assinatura desse contrato até a data atual.*

Com essa definição operacional, não registraremos o tempo de serviço para colaboradores temporários e não consideraremos o tempo acumulado caso o funcionário tenha saído e entrado na empresa mais de uma vez. Além disso, a medida deverá ser registrada em meses completos.

No exemplo do Ishikawa, a empresa poderia ter medidas não adequadas. Por exemplo, podemos considerar o número de dependentes registrado na base da folha de pagamento como forma de avaliar o impacto do fator "apoio aos dependentes", mas essa medida normalmente não inclui os dependentes que não entram na declaração do imposto de renda, por exemplo, os pais. A forma de medir deve, então, ser repensada para capturar essa informação, pelo menos para o projeto em pauta.

Ainda no exemplo do Ishikawa, podemos considerar a distância da casa ao trabalho como forma de avaliar o impacto do fator "distância". Podemos definir essa medida como a distância em linha reta, em quilômetros, pois talvez seja mais fácil de se obter. Mas será que essa medida captura o que se deseja medir? Talvez devêssemos medir a distância percorrida, considerando os meios de transporte que o colaborador utiliza. Para avaliar o fator "facilidade de acesso", poderíamos medir o tempo que o colaborador demora para chegar ao trabalho.

Falhas na escolha ou na definição operacional de uma medida podem levar a medições inadequadas ou a inconsistências no registro dos valores.

Esses são exemplos simples para esclarecer o conceito de definição operacional. Pense agora em medidas de desempenho, satisfação, inteligência, experiência. Algumas delas são obtidas com o uso de instrumentos desenvolvidos pela psicometria, como a Escala de Estresse Percebido (*Perceived Stress Scale* – PSS). Esses instrumentos de medição devem ter sido validados por especialistas para garantir que as medidas obtidas reflitam as características, comportamentos e atitudes observadas.[2]

2 A validação de um instrumento de medição é um tema complexo que inclui o uso de métodos estatísticos.

2.3 TIPOS DE DADOS

As informações que coletamos sobre um colaborador são chamadas de variáveis nos estudos estatísticos. Até agora nos referimos a elas como "fatores".

As informações podem ser de vários tipos:

- Demográficas: idade, gênero, estado civil, cargo, função.
- Desenvolvimento: treinamentos realizados, certificações, rotações, *assignments*.
- Desempenho: avaliação anual, produtividade.
- Atividades profissionais e sociais: blogs, voluntariado, seminários, apresentações.
- Desligamento: razões de saída, avaliação da empresa.
- Saúde: atividade física, comorbidades, deficiências, sinistros (seguro médico), estresse.
- Engajamento: pesquisas de clima.

Essas informações podem ser coletadas regularmente para atender uma obrigação legal (por exemplo, relatórios para o Ministério do Trabalho ou contrato de trabalho), um controle corporativo (por exemplo, desempenho ou salário) ou, quando necessárias, para um estudo específico (identificação de perfil tipo MBTI® ou pesquisa *Great Place to Work®*).

2.4 PROBLEMAS COMUNS COM DADOS EXISTENTES

Ao usar os dados existentes, é importante examiná-los para identificar e corrigir alguns problemas usuais.

É comum observarmos problemas na coleta e no registro de dados rotineiros de RH. Os problemas estão normalmente relacionados à falta de uma definição operacional das variáveis e à forma de registro desses dados.

Alguns exemplos de problemas são:

- 0 (zero) e dados "em branco" – Representam a mesma coisa?
- Valores inconsistentes – Data de nascimento: 25/14/1958.
- Dado inexistente – Cidade: São Silva do Sul.
- Erro ortográfico – UF: Pernambuco ou São Paulo.
- Data de nascimento – 03/12/51 e a idade registrada como 32 anos.
- Cidade – São Paulo e CEP registrado como 21000-910.
- Dois colaboradores com o mesmo número de registro.
- Mesmo colaborador com dois números de registro.

Outra situação frequente é a repetição de alguns dados em arquivos diferentes (folha, ponto, sistema gestão desempenho, *Performance Improvement Plan* (PIP), currículo, pesquisa de clima etc.). Ao combinar esses arquivos para análise (*integração das bases de dados*), surgem inconsistências.

Observe as bases de dados a seguir:

Tabela 2.1 Base de dados central armazenada na matriz da empresa

Registro	Nome	Identidade	Local de trabalho	Sexo	Salário anual	Performance
4702407	Assis, Machado	333-33-3333	SP-03 Rio Claro	0	122636,00	BE
4012108	Miranda, Carmen	444-44-4444	SP-01 São Paulo	1	135966,00	AE
448546	Oslhia, Jairo	222-22-2222	RJ-02 Niterói	2	134633,00	ME

Tabela 2.2 Base de dados da folha de pagamento armazenada localmente

CPF	Nome	Sexo	Cidade	Banda salarial	Salário mensal	Performance
333.333.333-33	M. Assis	M	Rio Claro	D	9200,00	Abaixo expectativa
444.444.444-44	C. Miranda	F	São Paulo	D	10200,00	Acima expectativa
222.222.222-22	J. Oslhia	ND	Niterói	D	10100,00	Atende expectativa

Alguns exemplos de conflito na integração:

- Nomes dos campos diferentes: local de trabalho/cidade, identidade/CPF.
- Estruturais: diferentes formas de digitação de dados (nome, identidade/CPF).
- Diferentes formas de codificação: sexo (0/1/2 ou M/F/ND).

A área de HRIS,[3] que tipicamente administra essas fontes, pode ajudar na integração e na geração de uma base de dados específica para as análises.

2.5 LIMPEZA NOS DADOS (*DATA CLEANING*)

Antes de qualquer análise, usando os dados existentes, devemos fazer uma "limpeza nos dados" (*data cleaning*) para tentar resolver os problemas citados anteriormente. Sugerimos os seguintes passos iniciais:

3 HRIS – *Human Resource Information System*. Denominação usual da área e/ou sistemas de RH, por exemplo, folha de pagamento, cadastro de funcionário, cadastro de benefícios, dentre outros.

1) Liste a estrutura dos arquivos (campos, formato dos dados e definição operacional – caso exista).
2) Compare o formato de registro dos dados nos campos com informações similares em diferentes arquivos. Padronize a forma de registro onde for necessário. Por exemplo, se em certos registros aparece SP e em outros São Paulo, adote uma forma única de registro.
3) Elimine duplicidades. Certifique-se de haver um único identificador (chave única) para relacionar os dados, de um mesmo colaborador, disponíveis nos diferentes arquivos.

A limpeza pode requerer múltiplas interações. Alguns problemas só aparecem depois de sanear outros. Recomendamos que, inicialmente, se faça a limpeza de cada banco de dados antes de integrá-los.

A limpeza dos dados deve considerar, ainda, o tratamento para dados discrepantes (*outliers*) e em branco (*missing values*), que discutiremos no Capítulo 4.

Nem sempre conseguimos tomar ações corretivas para "limpar" todas as inconsistências nos dados. Nesses casos, devemos considerar o risco em utilizar os dados como estão. Quais as possíveis consequências de uma decisão errada? Há situações em que é melhor não fazer a análise com esses dados e planejar uma nova coleta de informações.

Se não pudermos fazer os ajustes e as correções necessárias nos dados originais, devemos remover as variáveis pouco confiáveis devido à possibilidade de existência de registros incorretos ou inconsistentes.

Por fim, considere o uso de mecanismos para validação de dados para o processo de entrada de dados como uma ação preventiva para registros de dados no futuro. Esses mecanismos impedem:

- A digitação de categorias não existentes.
- A digitação de datas em formato não definido ou inconsistentes.
- Deixar dados em branco.

Os filtros também podem ajudar na validação cruzada de informações (por exemplo, CEP e endereço).

2.6 COLETA DE NOVOS DADOS

Em PA, podemos começar usando as informações (variáveis) existentes. Porém, usar esses dados apenas porque estão disponíveis não é um bom caminho para a eficácia da análise do problema e a tomada de decisões corretas. Devemos decidir se os dados existentes medem adequadamente as variáveis identificadas anteriormente como potenciais causas do problema e, principalmente, se são suficientes para chegar a um bom resultado.

Nos casos em que os dados coletados atualmente não sejam adequados ou sejam insuficientes, devemos considerar uma coleta de dados específica (uma pesquisa) para o estudo, que, posteriormente, pode se tornar rotineira, se for de interesse da empresa.

A seguir, destacamos alguns pontos importantes na elaboração de uma pesquisa para coleta de novos dados.

2.6.1 TIPOS DE PERGUNTAS

Em uma pesquisa, podemos usar dois tipos básicos de perguntas: as perguntas fechadas limitam as respostas a um conjunto de opções; as perguntas abertas são exploratórias por natureza e permitem que a pessoa expresse sua opinião de forma livre com um texto. Pondere os aspectos a seguir ao decidir o tipo de pergunta que irá usar.

Tabela 2.3 Comparação entre perguntas abertas e fechadas

Características	Pergunta aberta	Pergunta fechada
Interesse em responder	Menor	Maior
Análise das respostas	Requer interpretação do pesquisador	Entrevistado expressa sua opinião com base nas opções fornecidas
Risco de interpretação errada	Do pesquisador	Do entrevistado. Requer perguntas bem formuladas
Contexto	Opções de respostas não conhecidas	Opções de respostas predefinidas
Comparações entre grupos	Difícil. Requer interpretação e classificação das respostas em categorias	Fácil. Respostas objetivas facilitam a comparação
Análise estatística	Difícil. Requer interpretação e classificação das respostas. Nem sempre possível	Mais fácil. Respostas são os valores de uma variável qualitativa ou quantitativa
Monitoramento de mudanças ao longo do tempo	Difícil. Requer interpretação e classificação das respostas. Nem sempre possível	Fácil. Importante manter as opções de respostas inalteradas
Conhecimento das possíveis respostas	Não necessário. Elas serão conhecidas com as respostas do entrevistado	Obrigatório. Pode-se sempre incluir a opção "outros" com espaço para comentar
Justificativa da resposta	Possível se o entrevistado compartilhar	Entrevistado escolhe uma opção de resposta sem possibilidade de justificar
Viabilidade	Requer muito trabalho de interpretação. No caso de grandes empresas, poderia ser por amostragem	Viável para qualquer tamanho de população. Não requer trabalho de interpretação

2.6.2 FORMULAÇÃO DAS PERGUNTAS

Comece pelo fim. Quais atitudes, comportamentos, construtos a pesquisa ajudará a medir? Por exemplo: a pesquisa deseja medir, dentre outras coisas, diferentes características dos gestores.

Comece listando quais aspectos deseja medir, por exemplo:

- Comunicação.
- Suporte.
- Feedback.

Formule uma ou mais perguntas que permitam quantificar diferentes elementos de cada característica citada. Recomenda-se formular perguntas diferentes sobre o mesmo elemento para examinar perspectivas diferentes ou a consistência das respostas. Por exemplo, para o aspecto feedback poderíamos ter perguntas do tipo:

- Meu gerente me dá feedback útil?
- As conversas sobre desempenho com meu gerente ajudam em meu desenvolvimento (aprender, desenvolver e crescer)?
- Acredito que meu desempenho no trabalho é avaliado com justiça?
- Quando faço um ótimo trabalho, ele é reconhecido?

Procure formular as perguntas fechadas como afirmações e usar a escala de *Likert* para as respostas. A descrição dos níveis da escala pode mudar dependendo da pergunta formulada:

Tabela 2.4 Diferentes maneiras de descrever os níveis da escala *Likert*

Discordo totalmente	Discordo	Não concordo, nem discordo	Concordo	Concordo totalmente
Nunca	Raramente	Ocasionalmente	Frequente	Muito frequente
Muito insatisfeito	Insatisfeito	Nem satisfeito, nem insatisfeito	Satisfeito	Muito satisfeito

Em alguns cenários, recomenda-se usar uma combinação de perguntas fechadas e abertas. A pergunta aberta pode vir conectada a uma fechada como forma de explorar as razões (contexto) para a opção escolhida na pergunta fechada.

Exemplo: Meu gerente me dá feedback útil.

☐	☐	☐	☐	☐
Discordo totalmente	Discordo	Não concordo, nem discordo	Concordo	Concordo totalmente

Descreva o principal motivo:

____

Pode ainda haver apenas uma pergunta aberta no final da pesquisa para captar questões ou aspectos não explorados nas perguntas fechadas.

2.7 CUIDADOS ADICIONAIS COM AS PERGUNTAS

- Formule perguntas claras e concisas, usando linguagem simples e adequada à formação e à cultura dos participantes.
- Se utilizar termos ambíguos, defina-os com clareza:

  Exemplo: liderança sênior.

  Sugestão: liderança sênior (presidentes e diretores das unidades de negócio).
- Considere as expectativas que uma pergunta pode criar com relação, por exemplo, a mudanças organizacionais, remuneração, demissões etc.
- Cuidado com vieses ao formular perguntas. Elas não podem sugerir preconceitos, usar palavras ou expressões inadequadas.
- Não faça perguntas fechadas que não listem todas as possíveis respostas. Considere a necessidade de acrescentar opções como: outros, não sei, não se aplica etc.
- Cuidado com perguntas fechadas que contenham alternativas que se sobrepõem. O colaborador ficará confuso com a escolha.

Exemplo:	Sugestão:
☐ 10 a 20	☐ até 10
☐ 20 a 30	☐ 11 a 20
☐ 30 a 40	☐ 21 a 30
	☐ 31 a 40

- Procure fazer referências de tempo e lugar para garantir consistência na interpretação dos participantes.

  Exemplo: Você entende as metas da empresa?

  Sugestão: Você entende as metas operacionais e financeiras da empresa para o próximo ano?
- Não faça perguntas duplas na mesma frase. Se for uma pergunta fechada, não saberemos a que se refere a resposta.

  Exemplo: Os líderes regionais e locais estão abertos a novas ideias?

  Sugestão: Meu gerente está aberto a novas ideias em minha área?
- Não faça perguntas direcionadas. Elas indicam uma expectativa de resposta e não a opinião do colaborador.

  Exemplo: Você não acha que devemos implementar o trabalho remoto (*home office*) na empresa?

  Sugestão: O trabalho remoto melhoraria a eficiência no trabalho?
- Não faça perguntas vagas. A resposta dependerá da interpretação do colaborador.

Exemplo: O que acha das avaliações de desempenho? (O que deve ser julgado? Logística, tempo gasto, eficácia do processo?).

Sugestão: Por favor, diga qual sua satisfação com o tempo gasto por você no último ciclo de avaliação de desempenho.

2.8 CUIDADOS ADICIONAIS COM A PESQUISA

- A pesquisa deve ser a mais curta possível para evitar cansaço e desistência dos participantes. Questionários longos podem gerar respostas incompletas ou apressadas.
- Em geral, as pesquisas são anônimas, mas a identificação dos participantes ou de suas unidades de negócio/departamentos pode ser considerada, especialmente se for necessário o agrupamento dos colaboradores em grupos com mesmo perfil.
- Organize as perguntas em uma sequência lógica, se puder, mas tome cuidado com a sequência das perguntas. Uma pessoa pode ser influenciada por uma pergunta ao responder às seguintes. Se houver perguntas demográficas (unidade de trabalho, valores monetários etc.), é melhor que estejam no final do questionário, para que, ao responder as perguntas iniciais, o respondente não fique receoso de poder ser identificado.
- Inclua instruções claras de preenchimento. Explique termos técnicos, formatos ou conceitos, se necessário.
- Elabore um questionário visualmente agradável e fácil de ser preenchido. Use formatação consistente, lógica e espaçamento adequado.
- Se for usar meios eletrônicos, considere incorporar validação de dados, ou seja, mecanismos para evitar respostas inconsistentes ou faltantes no ato do preenchimento.
- Teste sua pesquisa com alguns colaboradores e ajuste as perguntas, se necessário. Além disso, estime o tempo para responder e informe no convite de participação para os colaboradores.
- Considere o compartilhamento das respostas resumidas com todos os participantes pelos líderes de cada unidade de negócio/departamento.

2.9 COLETA DE DADOS

2.9.1 POPULAÇÃO OU AMOSTRA

O objetivo das análises em PA é entender e prever o comportamento de todas as pessoas na empresa. Denominamos esse grupo de população.

Nas análises estatísticas, em geral, é comum analisarmos os dados de apenas uma parte da população, denominada amostra, e inferir o que provavelmente ocorrerá com toda a população. Dentre as principais razões estão o custo, o tempo para fazer as medições e a viabilidade de acessar toda a população.

Atualmente, com o uso de meios eletrônicos para a coleta e o processamento de grandes volumes de dados, é frequente a consulta a toda população nas análises estatísticas, sobretudo quando utilizamos dados coletados regularmente.

Como determinar o tamanho da amostra quando necessário? Essa é uma decisão complexa em estatística, pois há diversos aspectos a serem considerados. Recomendamos que se obtenha a maior quantidade de dados possível. Mesmo se determinássemos o tamanho da amostra com o rigor estatístico, pode não ser viável sua obtenção, por limitações geográficas, de tempo ou mesmo devido à falta de interesse dos participantes em responder.

Nas coletas de dados específicas para alguns estudos em PA, como em pesquisas de clima, nem sempre obtemos as respostas de todos os colaboradores. Nessas situações, é importante analisar os dados a serem utilizados para detectar eventuais distorções. Por exemplo: os colaboradores insatisfeitos, ou boa parte deles, podem não ter respondido a pesquisa ou, ainda, colaboradores de uma unidade ou área em férias coletivas podem não ter tido a oportunidade de responder a pesquisa. Isso poderá eventualmente ser detectado na Análise Exploratória de Dados (AED) que discutiremos no Capítulo 3.

2.9.2 PLANO DE COLETA DE DADOS

Uma frase repetida no Google diz, em tradução livre, "*uma boa pesquisa de opinião dá muito trabalho; uma má pesquisa não vale a pena ser feita*". Coletar dados é uma tarefa que pode consumir muito tempo e, muitas vezes, não é atrativa para quem responde questionários ou entrevistas.

Toda coleta de dados deve ser precedida por um bom planejamento. Já discutimos a importância de escolher uma medida adequada, que reflita o que queremos observar, e a importância da definição operacional. Considere também os seguintes pontos:

- Qual a fonte de coleta dos dados? Pesquisa específica, HRIS, relatório da pesquisa *Great Place to Work*®.
- Quem será o responsável pela coleta de dados ou pela pesquisa? A pessoa está preparada para esta tarefa?
- Quando serão coletados? Há eventos que podem interferir na coleta?
- Como serão coletados? A forma de medição é apropriada? Vamos coletar uma amostra ou trabalhar com toda a população? Se for uma amostra, qual a quantidade de pessoas (tamanho da amostra) e como será selecionada?
- Como as informações serão registradas? Há um formato determinado na definição operacional? Há um sistema ou formulário formatado adequadamente para isso?
- Como divulgar a pesquisa aos participantes visando obter maior retorno possível nas respostas?

2.10 LEI DE PROTEÇÃO DE DADOS

O uso de dados de colaboradores deve obedecer à Lei Geral de Proteção de Dados Pessoais (LGPD), que estabelece diretrizes importantes e obrigatórias para coleta, processamento e armazenamento de dados pessoais.

Destacamos os seguintes objetivos:

- Assegurar o direito à privacidade e à proteção de dados pessoais dos usuários, por meio de práticas transparentes e seguras, garantindo direitos fundamentais.
- Estabelecer regras claras sobre o tratamento de dados pessoais.

Consulte a área legal da empresa para conhecer as políticas e os processos criados para atender aos requisitos da LGPD. Caso sua empresa ainda não esteja adequada à a essa lei, discuta ações básicas com a área legal para informar, obter consentimento e controlar os dados dos colaboradores que utilizará nos estudos de PA.

CAPÍTULO 3
Análise exploratória de dados

3.1 INTRODUÇÃO

Um bom analista de *People Analytics* (PA) deve analisar detalhadamente cada uma das variáveis da base de dados a ser utilizada para o desenvolvimento do modelo. É fundamental que o analista adquira a necessária "intimidade" com os dados para utilizá-los adequadamente. Para analisar e, principalmente, para "sentir" como variam os dados, devemos utilizar a Análise Exploratória de Dados (AED). Trabalhando mecanicamente, sem "sentir" os dados, dificilmente um analista conseguirá construir um bom modelo.[1]

As técnicas de AED são simples de aplicar e interpretar, mesmo sem profundos conhecimentos de estatística. Como veremos, permitem entender diferentes aspectos do problema sendo estudado, antes mesmo da elaboração do modelo. A aplicação da AED e a Preparação da Base de Dados (*feature engineering*) – que será abordada adiante – são as fases que mais tempo consomem no desenvolvimento de um modelo de PA. Estima-se que tomem de 50 a 70% do tempo necessário para o desenvolvimento do modelo.

Neste capítulo, vamos definir os diferentes tipos de variáveis, as etapas da AED e discutir, por meio de exemplos, as diferentes formas de analisar as variáveis do banco de dados.

---

1 Como analogia, compare com um cozinheiro que se baseia apenas na receita, mas não conhece bem a qualidade dos ingredientes e, o que é pior, não dá seu toque pessoal! O resultado certamente não será dos melhores.

3.2 DADOS A SEREM UTILIZADOS NOS EXEMPLOS

Para apresentar as técnicas de AED vamos considerar duas bases de dados:

- Planilha KLASS_SOLHEL[2] refere-se aos dados coletados e utilizados pela Solhel Ind. para prever com certa antecedência o possível desligamento voluntário (*attrition*) de seus colaboradores. O objetivo é a redução da perda de talentos. Trata-se de um problema de classificação: queremos prever se um colaborador deve ser classificado ou não com potencial de desligamento.

As variáveis utilizadas são descritas na Tabela 3.1. A variável que desejamos prever, a partir das outras informações, é *attrition*. No jargão de PA, é chamada *variável resposta* ou *variável dependente*. As demais variáveis, que o analista acredita contribuírem para a previsão de *attrition*, são denominadas *variáveis preditoras* ou *variáveis independentes*.

Tabela 3.1 Variáveis disponíveis em KLASS_SOLHEL

Variável	Descrição
colab	Identidade do colaborador
idade	Em anos completos em 01/01/2022
viagem	Frequência de viagens a trabalho em 2022
engajamento	Avaliação de engajamento em 01/01/2022
nivel	Nível hierárquico em 01/01/2022
job_satisf	Avaliação de satisfação no trabalho em 01/01/2022
ecivil	Estado civil em 01/01/2022
salario	Na data de demissão em milhares de G$
h_extras	Trabalhou horas extras mais que 20% dos dias em 2021
anos_exper	Experiência em anos completos em 01/01/2022
tempo_casa	Tempo na empresa até 01/01/2022
anos_superior	Anos no cargo com o superior em 01/01/2022
treinam	Horas de treinamentos internos realizados um ano antes de pedir demissão
local	Local onde trabalhava em 01/01/2022
distancia	Distância da residência ao local de trabalho em km
attrition	Pediu desligamento em 2022 (sim ou não)

2 Essa base de dados foi adaptada a partir da base *IBM HR Analytics Employee Attrition & Performance*, disponível em: https://www.kaggle.com/datasets/pavansubhasht/ibm-hr-analytics-attrition-dataset. As várias alterações feitas pelos autores visam simplificar a utilização para fins didáticos.

- Base de dados RLM_RAGS para um problema de previsão. Rags é uma das maiores indústrias de confecção do país. Tem fábricas em Diadema, Gramado e Macaíba. A produtividade mensal dos colaboradores na parte industrial é medida como segue:

$$\text{produtividade} = \frac{\text{peças produzidas no mês}}{\text{meta de produção}}$$

- A área de recrutamento deseja elaborar um modelo para prever a produtividade mensal média dos futuros candidatos. Selecionou-se uma amostra de 200 colaboradores da empresa e calculou-se sua produtividade nos doze meses após sua contratação. As variáveis utilizadas são apresentadas na Tabela 3.2. O valor que se deseja prever para novos recrutamentos é a *produtividade* média mensal (variável resposta). As demais variáveis serão utilizadas para prever essa produtividade (são as variáveis preditoras).

Tabela 3.2 Variáveis disponíveis em RLM_RAGS

Variável	Descrição
funcionario	Identificação do funcionário
sexo	Sexo
idade	Idade, em anos completos, na data da contratação
experiencia	Experiência, em anos completos, na data da contratação
fabrica	Local de trabalho
fonte	Canal de recrutamento
proximidade	Distância do local de trabalho na data da contratação
aval_recrut	Avaliação no processo de recrutamento
produtividade	Média mensal nos doze meses após a data de contratação

3.3 INSTALAÇÃO DO SOFTWARE JAMOVI

Para realizar a AED e desenvolver os modelos que serão apresentados neste capítulo, vamos utilizar o software gratuito jamovi. Trata-se de um software que apresenta uma interface intuitiva e muito simples de utilizar, mesmo por usuários que não estão acostumados com a utilização de pacotes estatísticos. Uma grande vantagem é que o software lê diretamente arquivos em Excel. Permite analisar os dados, rodar modelos mais complexos sem necessidade de conhecimentos de programação e construir gráficos com excelente visual, prontos para serem exportados para as apresentações na empresa.

O jamovi pode ser baixado no seu computador ou utilizado na nuvem. Recomendamos a versão que é instalada no computador. Deve ser baixado diretamente do site do programa, sem recorrer a outros sites, ainda que confiáveis. Como são frequentes as atualizações do software, é interessante que o usuário, de tempos em tempos, atualize a versão em seu computador.

O programa funciona com módulos. Cada módulo contém uma série de recursos para análise e desenvolvimento de modelos de PA. Além dos módulos básicos, que já vêm anexados ao programa, o usuário pode baixar módulos mais avançados de acordo com sua necessidade.

A instalação do jamovi está detalhada no Apêndice deste capítulo. O uso do software será descrito à medida que o utilizarmos no livro. Na internet, encontramos alguns tutoriais sobre o uso do jamovi, a maior parte deles escritos em inglês. Recomendamos os seguintes, tomando cuidado que podem ter sido preparados com diferentes versões do programa:

- Apostila de jamovi (em português): https://www.balaiocientifico.com/jamovi/apostila-de-jamovi/
- Jamovi *user guide*: https://www.jamovi.org/user-manual.html
- *The* jamovi *quickstart guide*: https://www.jamoviguide.com/index.html
- *Stats made easy*: https://www.statsmadeasy.com/home

3.4 TIPOS DE VARIÁVEIS

Os recursos utilizados para a análise das variáveis dependem das suas caraterísticas. As variáveis podem ser classificadas como quantitativas (discretas ou contínuas) ou qualitativas (nominais ou ordinais). Vamos defini-las de maneira informal e apresentar exemplos na área de RH:

- **Variáveis quantitativas**: são variáveis medidas em uma escala quantitativa, ou seja, representam quantidades. Dividem-se em:
  - ▹ **Variáveis quantitativas discretas**: em Recursos Humanos (RH) são geralmente resultado de *contagens*. Por exemplo, número de dependentes, número de acidentes, número de colaboradores, número de horas de treinamento etc.

- **Variáveis quantitativas contínuas:**[3] em RH são geralmente resultado de *mensurações*, como tempo no emprego, idade, anos de experiência ou resultados de índices usuais (produtividade, absenteísmo, *turnover* etc.).[4]

  Quando uma variável discreta apresenta um grande número de valores distintos, utilizamos as mesmas técnicas de análise exploratória que se aplicam às variáveis contínuas. Esse é o caso, em geral, para variáveis discretas que representam quantidades monetárias (salários, comissões).

- **Variáveis qualitativas**: correspondem a alguma forma de classificação dos indivíduos. Não representam quantidades. Dividem-se em:
  - **Variáveis qualitativas nominais**: as diferentes categorias da variável não apresentam estrutura de ordem. Por exemplo, sexo, unidade da federação, departamento em que atua o funcionário etc.
  - **Variáveis qualitativas ordinais**: as diferentes categorias da variável apresentam uma estrutura de ordem. Por exemplo, escolaridade (1º grau, 2º grau, Faculdade, Pós), nível hierárquico e faixa etária.

Em muitas situações, as variáveis qualitativas são representadas por variáveis numéricas. Por exemplo, solteiro = 1, casado = 2, viúvo = 3 e divorciado = 4. O fato de serem numéricas não significa que sejam quantitativas. Ao utilizar o software, temos que informar que se tratam de variáveis qualitativas (vide Apêndice). Não faria sentido calcular "estado civil médio"!

Para a empresa Solhel, as primeiras linhas da planilha de dados e a classificação das variáveis, com descrição simplificada, são apresentadas nas Tabelas 3.3 e 3.4, respectivamente.

3 Formalmente, são variáveis medidas em uma escala contínua. Por exemplo, se uma pessoa tem 1,74 m e outra 1,75 m, entre esses dois valores há infinitos valores fracionários que poderiam ser observados aumentando "indefinidamente" a precisão da régua.

4 A idade ou o tempo no emprego, medidos em anos completos, por exemplo, por serem resultados de contagens são, na realidade, variáveis discretas. No entanto, como a grandeza subjacente é o tempo, que é um valor contínuo, costumamos classificá-las como variáveis contínuas.

Tabela 3.3 Primeiras linhas da planilha de dados KLASS_SOLHEL

Colab	Idade	Viagem	Engajamento	Nivel	Job_ satisf	Ecivil	Salario	H_ extras	Anos_ exper	Tempo_ casa	Anos_ superior	Treinam	Local	Distancia	Attrition
G0001	41	poucas	3	2	4	solteiro	5.99	Sim	8	6	5	0	Fábrica2	6.6	Sim
G0002	49	frequentes	2	2	2	casado	5.13	nao	10	10	7	48	fábrica1	7.3	nao
G0003	37	poucas	2	1	3	solteiro	2.09	sim	7	0	0	48	fábrica1	6.6	sim
G0004	33	frequente	3	1	3	casado	2.91	sim	8	8	0	48	fábrica1	5.7	nao
G0005	27	poucas	3	1	2	casado	3.47	nao	6	2	2	48	fábrica1	4	nao
G0006	32	frequentes	3	1	4	solteiro	3.07	nao	8	7	6	32	fábrica1	8	nao
g0007	59	poucas	4	1	1	casado	2.67	sim	12	1	0	48	fábrica1	6.4	nao

Tabela 3.4 Classificação das variáveis disponíveis em KLASS_SOLHEL

Variável	Descrição	Tipo de variável
colab	Identidade do colaborador	Qualitativa nominal
idade	Em anos completos	Quantitativa contínua
viagem	Frequência de viagens a trabalho	Qualitativa ordinal
engajamento	Avaliação de engajamento	Qualitativa ordinal
nivel	Nível hierárquico	Qualitativa ordinal
job_satisf	Avaliação de satisfação no trabalho	Qualitativa ordinal
ecivil	Estado civil	Qualitativa nominal
salario	Salário na data de demissão em G$1000	Quantitativa contínua
h_extras	Trabalhou horas extras (sim/não)	Qualitativa nominal
anos_exper	Experiência em anos completos	Quantitativa contínua
tempo_casa	Tempo na empresa	Quantitativa contínua
anos_superior	Anos no cargo com o superior	Quantitativa contínua
treinam	Horas de treinamentos internos realizados	Quantitativa discreta
local	Local onde trabalhava	Qualitativa nominal
distancia	Distância da residência ao local de trabalho em km	Quantitativa contínua
attrition	Pediu demissão em 2022 (sim ou não)	Qualitativa nominal

A variável *treinam* apresenta poucos valores distintos, sendo, portanto, considerada como variável quantitativa discreta.

3.5 ANÁLISES UNIVARIADA E BIVARIADA

A AED é elaborada em duas etapas:

- Inicialmente, cada variável é analisada de forma isolada, sem explorar sua relação com a variável a ser prevista ou com outras variáveis preditoras. Por exemplo, no caso da empresa Solhel, estudaremos o comportamento da variável *tempo_casa*, sem explorar sua relação com a variável resposta *attrition*. Vamos calcular as medidas estatísticas usuais (média, mediana...), verificar a existência de dados discrepantes (denominados *outliers*) ou de dados em branco etc. Essa etapa é denominada Análise Univariada.

- Depois, exploramos a relação de cada variável com a variável resposta. Por exemplo, analisamos o quanto diferem os valores de *tempo_casa* entre as duas categorias da variável resposta *attrition*: os colaboradores que permanecem na empresa e os que se desligaram. O interesse maior é verificar se *tempo_casa* será útil na previsão de *attrition*. Essa etapa é denominada Análise Bivariada.
- A análise bivariada também pode ser realizada para estudar a relação entre duas variáveis preditoras, por exemplo, a relação entre *job_satisf* e *distância*.

No caso das análises bivariadas, as técnicas a serem utilizadas dependem dos tipos de variáveis envolvidas. Temos três possíveis combinações:

- Variável qualitativa *x* variável qualitativa.
- Variável quantitativa *x* variável qualitativa.
- Variável quantitativa *x* variável quantitativa.

3.6 ANÁLISE DE VARIÁVEIS QUALITATIVAS

Para analisar as variáveis qualitativas, temos que construir e analisar a tabela de frequências. Nesta tabela, analisamos a *frequência absoluta* de cada categoria da variável (quantidade de vezes que cada categoria ocorre) e a frequência relativa ou proporção (proporção de ocorrências de cada categoria). Por exemplo, ao analisar a variável qualitativa nominal *local*, obteremos a seguinte tabela (Figura 3.1):

Estatística descritiva

	N	Omisso	Média	Mediana	Desvio-padrão	Mínimo	Máximo
Local	1470	0					

Frequências de local

Local	Contagens	% do total	% acumulada
Fábrica1	961	65.4 %	65.4 %
Fábrica2	446	30.3 %	95.7 %
Matriz	63	4.3 %	100.0 %

Figura 3.1 Saída do jamovi para análise da variável *local*.

A parte superior da tabela (Figura 3.1) mostra que temos 1470 indivíduos na amostra, e nenhum dado em branco (dados omissos no jargão estatístico). As demais colunas não estão preenchidas, pois não faz sentido calcular essas medidas no caso de variáveis qualitativas.

A parte inferior mostra quantos indivíduos temos em cada local de trabalho (coluna de contagem) e a correspondente proporção (% do total). Observamos que a maioria dos colaboradores (65,4%) trabalha na *fábrica1*. Apenas 4,3% trabalham na matriz. A última coluna (% acumulada) não tem utilidade no caso de variáveis nominais.

Para ilustrar o passo a passo para obtenção dessas informações com o jamovi, vamos analisar a variável qualitativa ordinal *nível*, lembrando que o nível hierárquico mais alto é igual a 5 e o mais baixo igual a 1.

- Carregamos o arquivo KLASS_SOLHEL no jamovi, conforme explicado no Apêndice.
- Inicialmente precisamos avisar o jamovi que se trata de uma variável qualitativa ordinal.
  - ▷ Na tabela de dados, clicamos duas vezes sobre o título da coluna *nível*. Surgirá o menu seguinte (parte inferior da Figura 3.2), onde serão feitas as alterações como segue:
  - ▷ Em Tipo de medida, selecionar Ordinal.
  - ▷ Em Tipo de Dados, selecionar Texto.
  - ▷ Clicar na seta vertical no canto superior direito para finalizar.

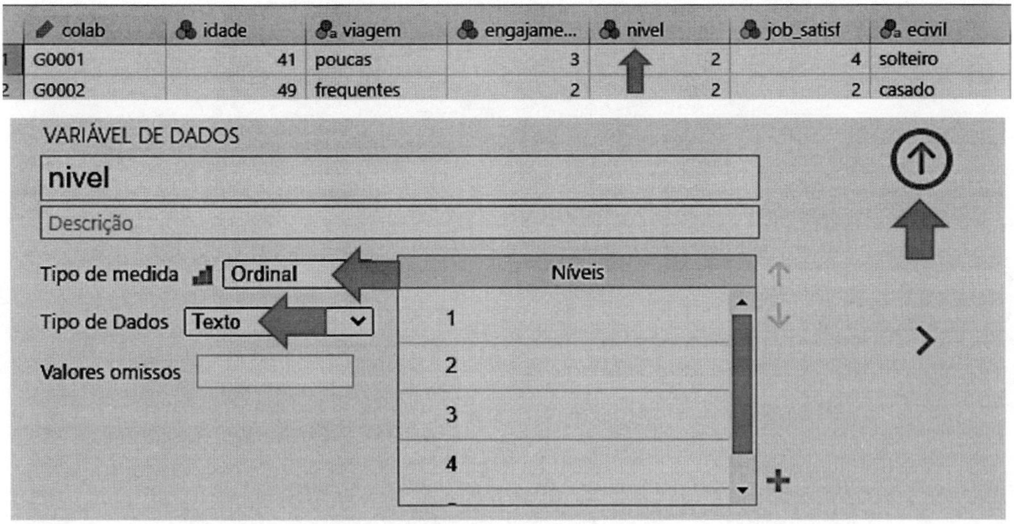

Figura 3.2 Alteração do tipo de variável.

Selecionamos Texto no Tipo de Dados para que o jamovi não confunda os números com quantidades. Se desejado, podemos substituir os números na coluna de Níveis pelos nomes dos níveis hierárquicos, digitando-os nessa coluna.

- Selecionamos Análises/o módulo Exploração/a função Estatística Descritiva.

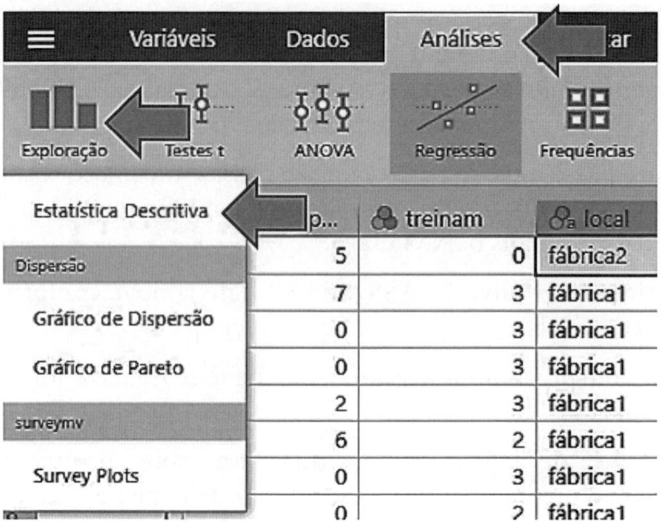

Figura 3.3 Seleção do tipo de análise.

- Após clicar em Estatística Descritiva, surgirá uma série de janelas, na qual selecionamos o nome da variável (*nível*) e as opções seguintes:

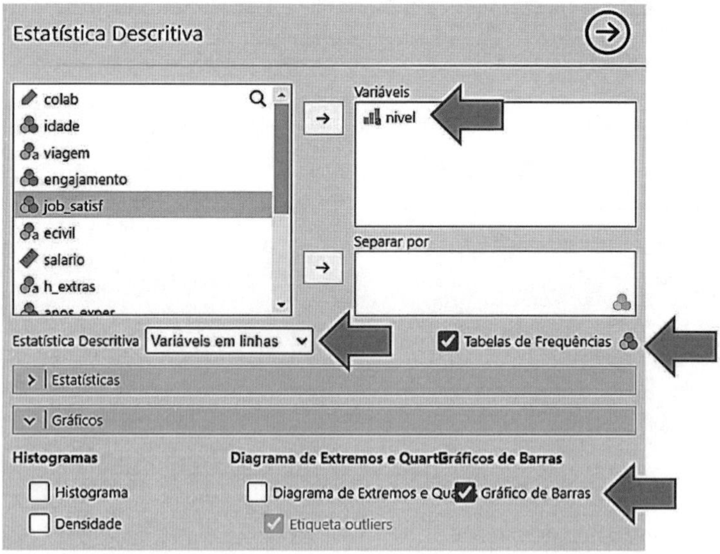

Figura 3.4 Opções para a análise da variável *nível.*

Marcamos a opção Gráfico de Barras, que é a representação gráfica recomendada para variáveis qualitativas nominais ou ordinais. Não recomendamos o uso do famoso gráfico de "pizza". Note que, na primeira janela à esquerda, a variável *job_satisf* está destacada; isso não tem significado.

- O resultado da análise surge automaticamente e é apresentado a seguir na Figura 3.5.

Observamos que, como esperado, a maior parte dos colaboradores encontra-se nos níveis mais baixos. A quantidade de colaboradores diminui à medida que o nível cresce. A coluna de % acumulada mostra que 73,3% estão nos níveis 1 e 2. Apenas 4,7% encontram-se no nível mais alto. O nível mais frequente é denominado moda da variável *nível*. O gráfico de barras mostra essas contagens claramente.

Frequências de *nível*

Nível	Contagens	% do total	% acumulada
1	543	36.9%	36.9%
2	534	36.3%	73.3%
3	218	14.8%	88.1%
4	106	7.2%	95.3%
5	69	4.7%	100.0%

Figura 3.5a Estatísticas da variável qualitativa ordinal *nível*.

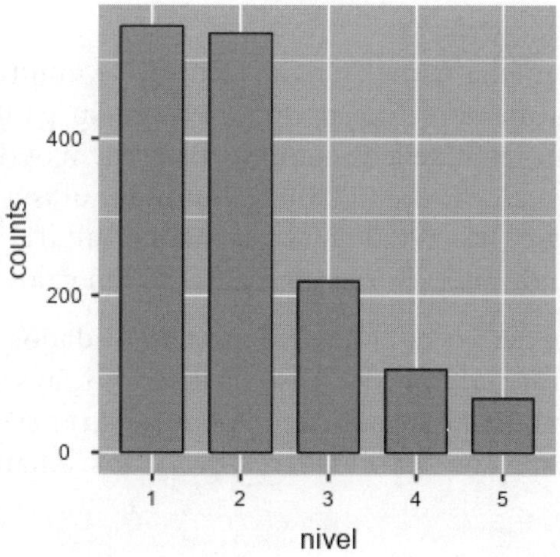

Figura 3.5b Gráfico da variável qualitativa ordinal *nível*.

3.7 ANÁLISE DE VARIÁVEIS QUANTITATIVAS – MEDIDAS DESCRITIVAS

Ao analisar variáveis quantitativas, discretas ou contínuas, recorremos a um maior número de medidas descritivas e a diferentes tipos de gráficos.

O número de medidas descritivas (denominadas *estatísticas*) existentes é enorme. Vamos restringir-nos apenas às mais interessantes para a análise exploratória de dados em PA. Inicialmente, vamos descrevê-las e, depois, mostraremos como obtê-las com o jamovi.

a) Média aritmética

A fórmula da média aritmética é bastante conhecida. Corresponde à soma dos valores da variável para todos os indivíduos da amostra, dividida pelo *tamanho da amostra* (número de indivíduos na amostra). O grande problema que encontramos na prática são as interpretações erradas da média. A média aritmética de uma variável X costuma ser denotada pelo símbolo $\bar{x}$ (o nome da variável com uma barrinha em cima).

Consideremos o exemplo de uma pequena empresa na qual os quatro colaboradores têm salários mensais iguais a R$ 2.000,00 e o diretor tem salário mensal igual a R$ 12.000,00. A soma dos salários é R$ 20.000,00 e, portanto, a média salarial é R$ 4.000,00. Esses valores estão representados na Figura 3.6.

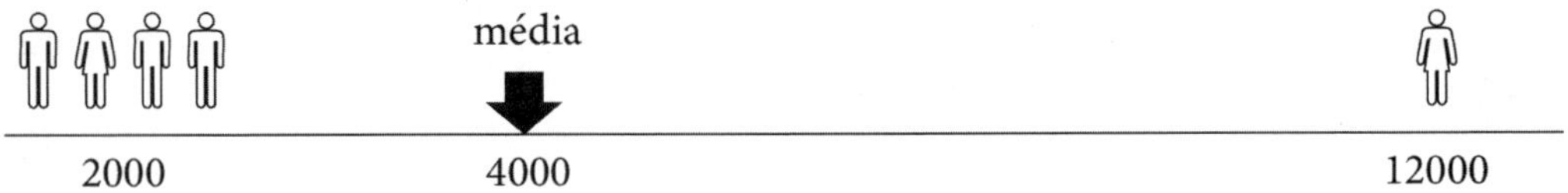

Figura 3.6 Distribuição dos salários.

Observamos que a média não é "o valor central" e, muito menos, "o valor mais frequente", como usualmente é interpretada. Ninguém ganha R$ 4.000,00! Nesse caso, a média não dá uma boa ideia de como se distribuem os dados. Ademais, note-se que é influenciada pelo valor R$ 12.000,00, valor que se afasta muito dos demais. Se o salário do diretor fosse R$ 120.000,00, a média saltaria de R$ 4.000,00 para R$ 25.600,00: uma grande alteração só por causa de um valor na amostra.

A média só descreve bem o valor central quando os dados se distribuem de forma simétrica em torno da média, como é o caso da distribuição seguinte, em que a média é igual a 25,6.[5] Mas a média não é suficiente para mostrar se os pontos estão ou não muito "espalhados" (dispersos). Para isso, recorreremos, adiante, a outras medidas.

5 Apesar de as idades serem números inteiros, não devemos arredondar a média.

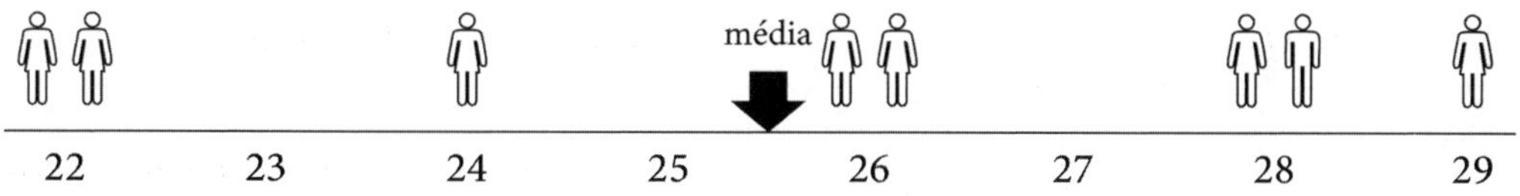

Figura 3.7 Distribuição das idades.

Além disso, em uma primeira análise exploratória dos dados, não recomendamos trabalhar apenas com a média, pois sua interpretação nem sempre é simples.

b) Mediana e quartis

Os quartis são medidas muito úteis para a análise exploratória de dados. Os quartis separam os valores ordenados da variável analisada em quatro partes com aproximadamente 25% dos dados cada. Para ilustrar o cálculo dos quartis, consideremos a série de valores ordenada das idades de um grupo de 12 pessoas, representada graficamente na Figura 3.8.

22 – 22 – 23 – 24 – 24 – 25 – 26 – 28 – 29 – 30 – 31 – 50

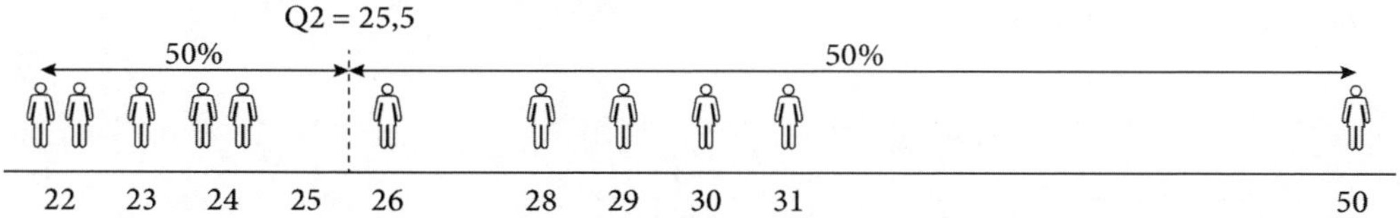

Figura 3.8 Mediana.

O valor 25,5 (média entre os dois valores centrais) cai exatamente no meio da série, dividindo-a em dois conjuntos com mesmo número de valores (seis de cada lado). Esse valor é denominado mediana. Sua interpretação é simples: 50% dos indivíduos têm idade menor ou igual a 25,5. A mediana é também denominada segundo quartil e denotada por Q2.

O primeiro quartil Q1 divide a primeira metade dos dados em duas partes iguais. Como temos um número par de dados, consideramos como primeiro quartil a média entre os dois valores centrais dessa primeira metade (23 e 24). Portanto Q1 = 23,5. Significa que 25% dos indivíduos têm idade menor ou igual a 23,5 anos.

De forma análoga, o terceiro quartil será Q3 = 29,5, mostrando que 75% dos indivíduos têm idade menor ou igual a 29,5 anos.

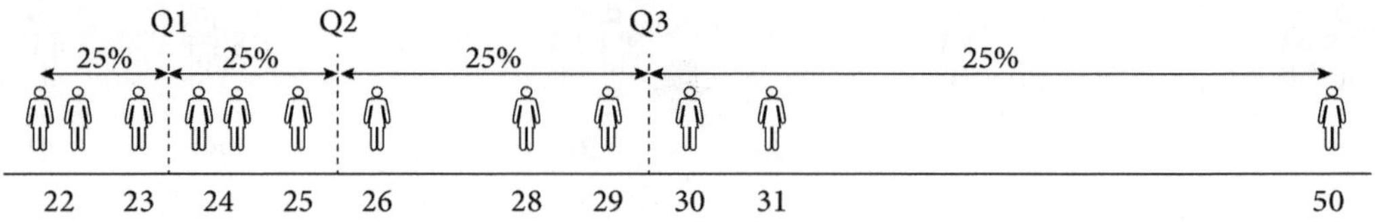

Figura 3.9 Mediana e quartis.

Um ponto importante é que a mediana e os quartis não são afetados pelo fato de termos um indivíduo com idade discrepante das demais. Esse valor costuma ser denominado pelo *outlier*. A média variaria se incluíssemos ou não o indivíduo com 50 anos. Sem esse *outlier*, a média seria igual a 25,8. Incluindo o *outlier*, a média passaria a 27,8.[6]

c) Percentis

A mediana e os quartis são casos particulares de uma medida denominada percentil. O primeiro quartil é o percentil P25, pois deixa 25% dos dados atrás de si. A mediana é o P50 e o terceiro quartil, P75. De forma geral, o percentil Pk deixa aproximadamente k% dos valores atrás de si. Por exemplo, como temos 12 indivíduos, o valor de P60 estará na posição 7,2 (0,60 × 12 = 7,2), ou seja, entre o sétimo e oitavo elemento da série. Portanto, P60 = 27 (média dos valores 26 e 28) deixa aproximadamente 60% dos dados atrás de si.

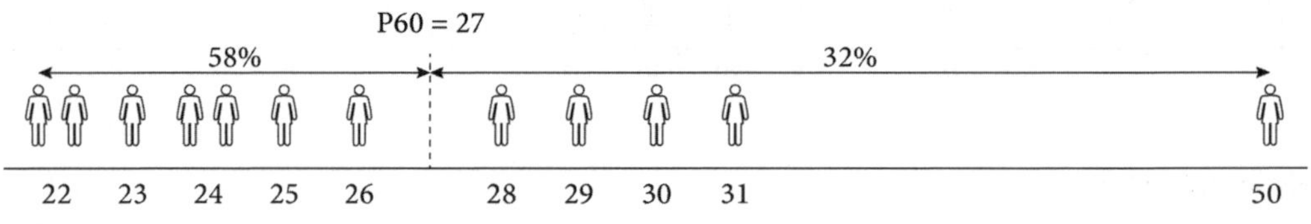

Figura 3.10 P60: percentil de ordem 60.

d) Amplitude e desvio-padrão

As medidas, até aqui apresentadas não indicam se os dados estão muito dispersos ou não.

Dados muito dispersos significam que o conjunto de valores é heterogêneo, isto é, os valores da variável divergem muito de indivíduo a indivíduo. Quanto menor a dispersão, maior a homogeneidade dos dados. Se as idades dos colaboradores de uma empresa apresentam grande dispersão, significa que as idades dos colaboradores diferem muito entre si. Se a dispersão for pequena, as idades serão mais parecidas. Não

6 Os pacotes estatísticos, às vezes, apresentam valores levemente diferentes (mas iguais, do ponto de vista prático), pois utilizam métodos de interpolação para calcular os quartis.

vamos definir o que é uma grande ou pequena dispersão. Apenas utilizaremos essas medidas para comparar a dispersão entre amostras distintas.

Por exemplo, consideremos as distribuições das idades de duas empresas na Figura 3.11. A dispersão das idades da empresa ALFA representada na parte superior é significativamente menor que a das idades da empresa BETA representada na parte inferior

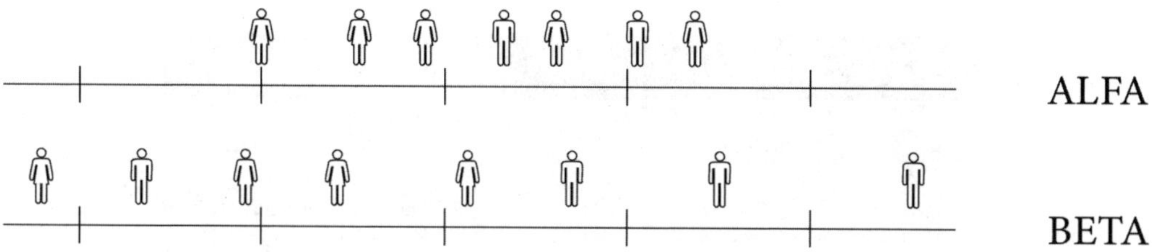

Figura 3.11 Comparação das dispersões de idade.

Para medir a dispersão, vamos considerar duas medidas, amplitude e desvio-padrão, aplicando-as aos dados seguintes:

22 - 22 - 23 - 24 - 24 - 25 - 26 - 28 - 29 - 30 - 31- 50

A amplitude, denotada pela letra R, é a diferença entre o maior e o menor valor.

R = máximo – mínimo

Infelizmente, essa medida é extremamente afetada pela presença de dados discrepantes. Em nosso exemplo, R = 50 – 22 = 28. Porém, se desconsiderarmos o dado discrepante, R = 31 – 22 = 9, ou seja, R só deve ser utilizado para comparar as dispersões de dois conjuntos de dados se nenhum deles apresentar dados discrepantes. Ademais, note que R não leva em consideração a dispersão dos demais valores da amostra.

O *desvio-padrão*, usualmente denotado pela letra "s", tem uma fórmula mais complicada, mas pode ser obtido facilmente pelo jamovi. O ponto importante é saber qual seu significado e como utilizá-lo ao comparar diferentes conjuntos de dados.

Em termos informais, o desvio-padrão é uma medida que considera a *dispersão dos dados em torno da média*. Quanto maior o desvio-padrão, maior a dispersão dos dados em torno da média. Não podemos dizer que um valor de *s* é grande ou pequeno. Em AED, utilizamos o desvio-padrão para comparar a dispersão de dois conjuntos de dados. Por exemplo, comparando as idades das duas empresas ALFA e BETA da Figura 3.10, a que apresenta menor desvio-padrão é a que tem idades com menor variação entre seus colaboradores, ou seja, a empresa ALFA.

Além de considerar todos os valores em seu cálculo, e não apenas os valores máximo e mínimo, o desvio-padrão é menos afetado que a amplitude no caso de dados discrepantes. Quanto maior a amostra, menor o impacto desses dados.

e) Obtendo as medidas descritivas com o jamovi

Vamos analisar a variável idade do arquivo KLASS_SOLHEL.

- Em Análises, selecione Exploração.
- Selecione Estatística Descritiva.

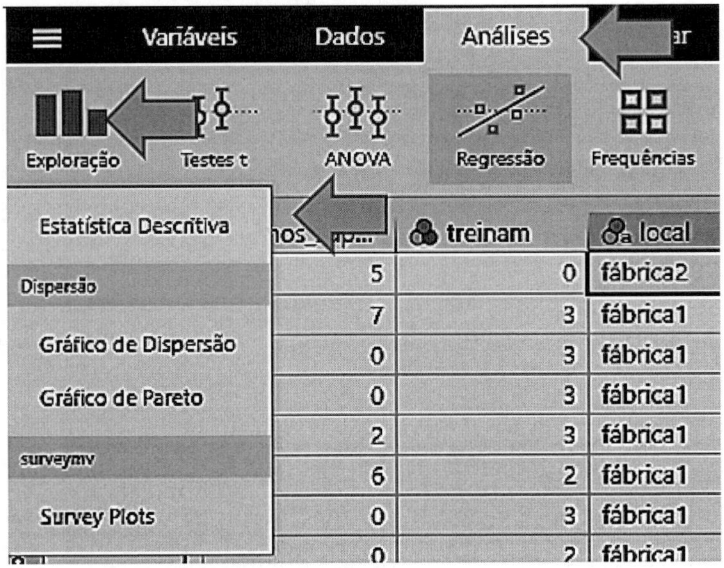

Figura 3.12 Seleção do tipo de análise.

- No menu de Estatística Descritiva, selecione as opções indicadas na Figura 3.13. Preferimos utilizar a visualização dos resultados como Variáveis em linhas.

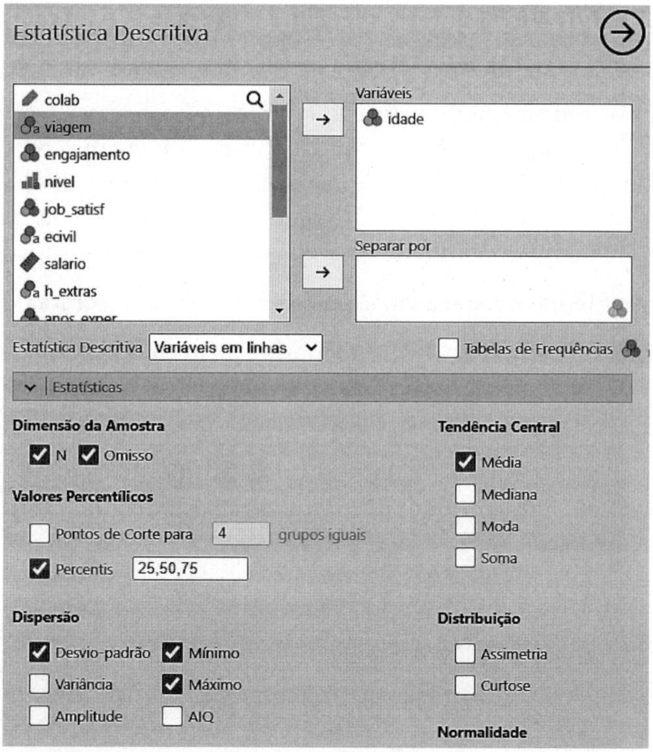

Figura 3.13 Medidas descritivas.

- Os resultados apresentados são os seguintes:

Estatística Descritiva

							Percentis		
	N	**Omisso**	**Média**	**Desvio-padrão**	**Mínimo**	**Máximo**	**25th**	**50th**	**75th**
Idade	1470	0	36.924	9.135	18	60	30.000	36.000	43.000

Figura 3.14 Medidas descritivas.

- A idade média dos colaboradores da Solhel é igual a 36,9.
- A mediana (percentis 50th – P50) é igual a 36. Significa que 50% dos colaboradores têm idades menores ou iguais a 36 anos.
- Os 25% mais jovens têm idade entre 18 anos (mínimo) e 30 anos (P25).
- Os 25% mais velhos têm idade entre 43 anos (P75) e 60 anos (máximo).
- Os 50% "intermediários" têm idade entre 30 anos (P25) e 43 anos (P75). Por enquanto, na análise univariada, não vamos interpretar o desvio-padrão.

3.8 ANÁLISE DE VARIÁVEIS QUANTITATIVAS – REPRESENTAÇÕES GRÁFICAS

Um ponto importante na AED é verificar quantas vezes ocorre cada valor da variável quantitativa. É a *distribuição de frequências* da variável que vamos representar graficamente para facilitar a análise. No caso de variáveis quantitativas discretas, recomendamos a utilização do diagrama de barras. Quando temos variáveis contínuas, o gráfico recomendado é o histograma. Vamos descrever a obtenção desses gráficos com o jamovi.

a) Diagrama de barras para variáveis quantitativas discretas

Vamos analisar a distribuição de frequências da variável *treinam* (número de treinamentos) medida em horas. É uma variável quantitativa discreta.

- Para poder construir o gráfico de barras precisamos "enganar" o jamovi, classificando a variável como qualitativa ordinal mesmo não o sendo.[7] Clicamos duas vezes no nome da coluna *treinam* e modificamos o Tipo de medida, como na Figura 3.15:

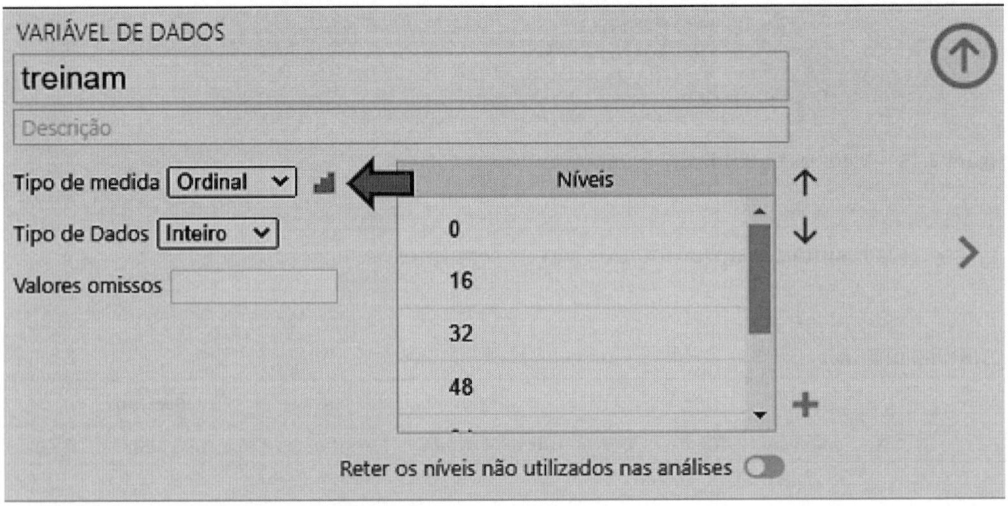

Figura 3.15 Reclassificando a variável *treinam*.

- Dentro de Estatística Descritiva, definimos a opção Gráfico de Barras, e pedimos a Tabela de Frequências.

7 Não é a classificação correta, mas é a única alternativa que temos no jamovi para construção dos gráficos adequados.

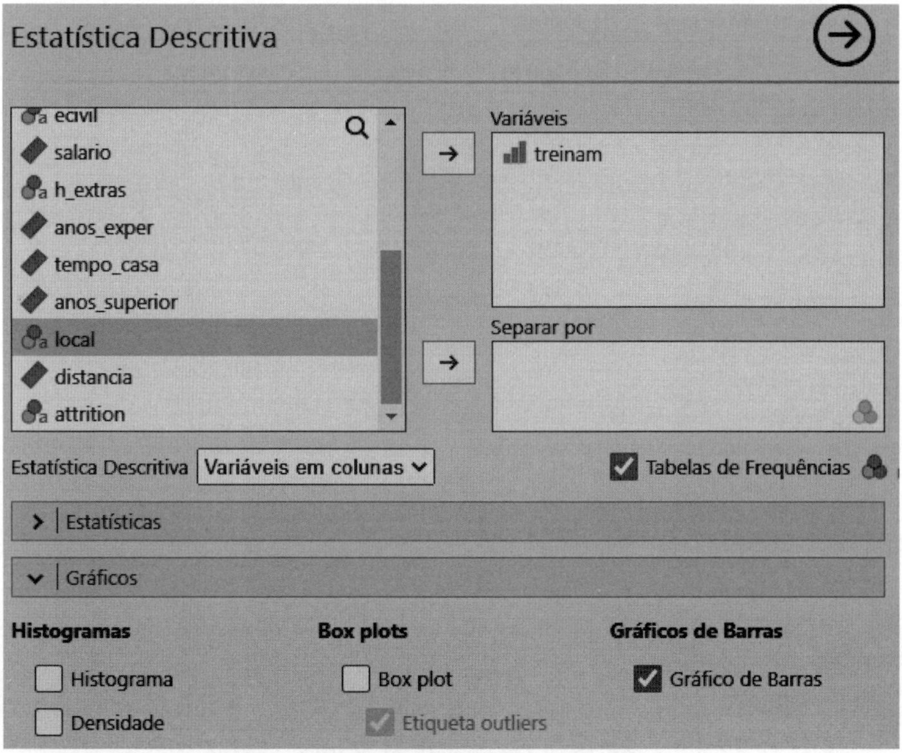

Figura 3.16 Selecionando Gráfico de Barras e Tabelas de Frequências.

- Obteremos os resultados seguintes:

Estatística Descritiva

						Percentis		
	N	Omisso	Média	Mínimo	Máximo	25th	50th	75th
treinam	1470	0	44.789	0	96	32.000	48.000	48.000

Figura 3.17a Estatísticas da variável *treinam*.

Frequências de *Treinam*

Treinam	Contagens	% do total	% acumulada
0	54	3.7 %	3.7 %
16	71	4.8 %	8.5 %
32	547	37.2 %	45.7 %
48	491	33.4 %	79.1 %
64	123	8.4 %	87.5 %
80	119	8.1 %	95.6 %
96	65	4.4 %	100.0 %

Figura 3.17b Frequências da variável *treinam.*

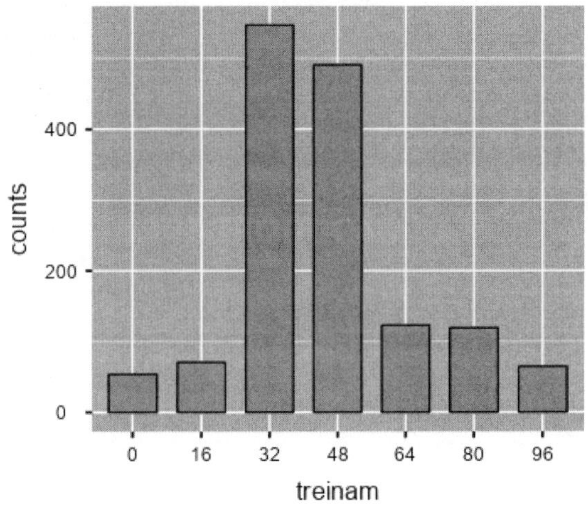

Figura 3.17c Diagrama de barras da variável *treinam.*

Observamos que a maioria dos colaboradores fez 32 ou 48 horas de treinamento interno. A mediana (P50) é igual a 48 horas de treinamento. Coincide com o valor de P75, o que significa que 75% dos colaboradores fizeram 48 ou menos horas de treinamento.

b) Histograma

Quando uma variável tem "muitos" valores diferentes, como é o caso usual das variáveis quantitativas contínuas, analisar a frequência de cada valor isoladamente não ajuda a entender o comportamento dos dados. Costuma-se agrupá-los em *classes* (faixas de valores) de preferência de mesma largura (*classes de mesma amplitude*). O histograma é a representação gráfica das frequências dessas classes.

O número de classes depende da quantidade de valores a serem agrupados. Os softwares estatísticos, em particular o jamovi, definem o número de classes automaticamente. Quando as amplitudes das classes são iguais (critério utilizado pelo jamovi) as alturas das barras do histograma são proporcionais à quantidade de observações cujos valores caem nessas classes.

Infelizmente, o jamovi não mostra uma tabela com os limites de cada classe, nem a frequência delas, mas isso não é um empecilho para a análise do comportamento dos dados. Além disso, no eixo y, aparece impressa a palavra *density*. Que pode ser ignorada, pois sua definição foge do escopo deste livro.

Vamos aplicar o histograma para analisar a variável *tempo_casa*.

- Dentro de Estatística Descritiva, escolhemos a opção Histograma.
- Selecionamos a variável *tempo_casa*.

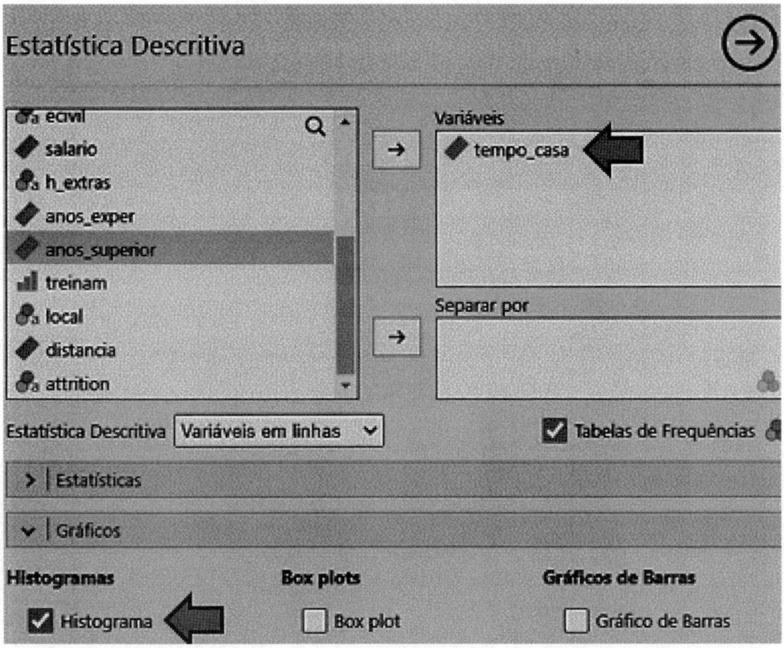

Figura 3.18 Seleção de histograma.

Obtemos:

Estatística Descritiva

	N	Omisso	Média	Mínimo	Máximo	Percentis 25th	50th	75th
tempo_casa	1470	0	7.008	0	40	3.000	5.000	9.000

Figura 3.19a Estatísticas da variável *tempo_casa.*

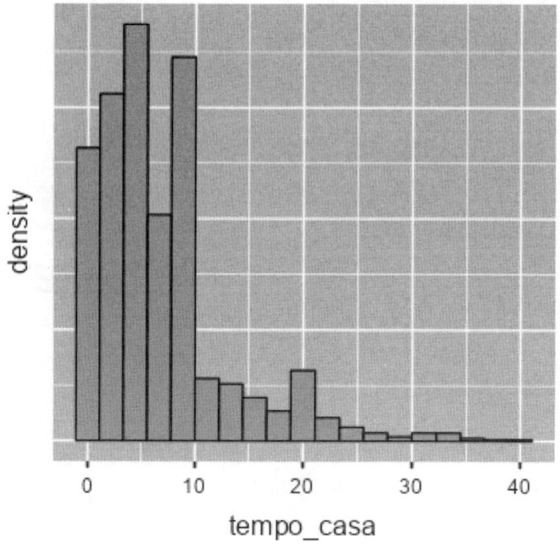

Figura 3.19b Histograma da variável *tempo_casa.*

A maioria dos colaboradores tem entre 0 e 10 anos completos de casa (são as barras mais altas). Vemos na parte de cima da Figura 3.19a que o percentil P75 é de 9 anos. Além disso, poucos colaboradores têm mais de 30 anos de casa.

Notamos também um pequeno pico na altura de *tempo_casa* = 20 anos. Pode ser alguma expansão da empresa com contratação de muitos colaboradores ocorrida vinte anos atrás. O analista de PA deve tentar entender por que isto ocorreu. Note-se que, à medida que o *tempo_casa* cresce, a altura das barras decresce, ou seja, quanto mais anos de casa, menor o número de colaboradores. Esse formato de histograma é usual. É dito *assimétrico à direita*.

Construindo o histograma para a variável *idade* (Figura 3.20), notamos uma assimetria mais moderada que no caso anterior. Os dados distribuem-se de forma parecida à direita e à esquerda do eixo central imaginário do histograma. A média e a mediana são praticamente iguais nesses casos de assimetria moderada.

Estatística Descritiva

	N	Omisso	Média	Mínimo	Máximo	Percentis		
						25th	50th	75th
idade	1470	0	36.924	18	60	30.000	36.000	43.000

Figura 3.20a Estatísticas da variável *idade*.

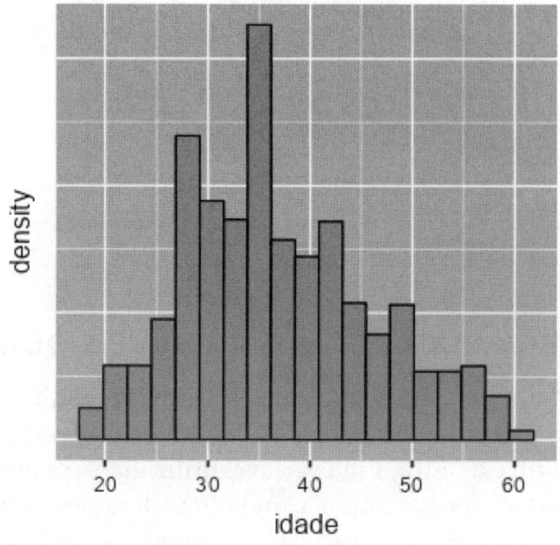

Figura 3.20b Histograma da variável *idade*.

Há casos em que a interpretação do histograma não é simples como é o caso da variável *anos_superior* (anos trabalhando com o superior atual) mostrado na Figura 3.21. A distribuição é assimétrica à direita, mas notamos duas grandes concentrações: entre 0 e 4 anos e entre 7 e 9 anos. Caberá ao analista investigar se há alguma explicação para esse fato. Nem sempre encontramos uma resposta!

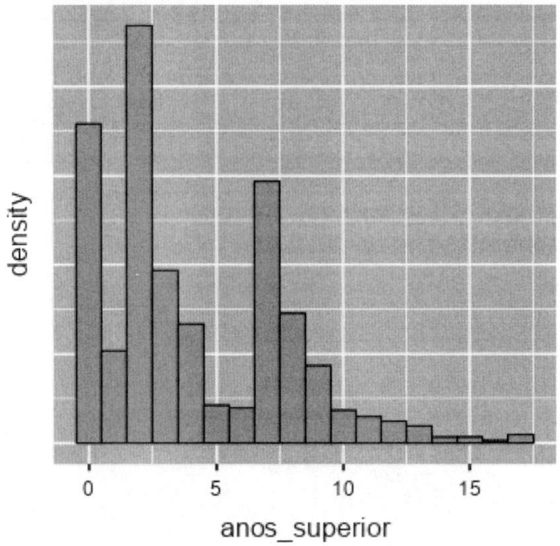

Figura 3.21 Análise da variável *anos_superior.*

3.9 ANÁLISE BIVARIADA – DUAS VARIÁVEIS QUALITATIVAS

Agora vamos estudar a relação entre duas variáveis qualitativas. Em geral, uma delas é a variável que queremos prever, denominada *variável resposta* (em nosso exemplo, a variável *attriton*), e a outra, uma variável utilizada para fazer a previsão, denominada *variável preditora* (por exemplo, vamos considerar a variável *local*). O objetivo é verificar se existe relação entre a variável preditora e a variável resposta. Em caso positivo, isso sugere que a preditora escolhida pelos analistas contribuirá para prever a variável resposta.

A *tabela de dupla entrada* (ou *tabela de contingência*) que vamos apresentar pode ser utilizada para analisar a relação entre duas variáveis qualitativas quaisquer, por exemplo, duas variáveis preditoras.

Vamos considerar a relação de *local* com *attrition* para ilustrar o uso do jamovi.

- Selecionamos Análises/Frequência/Amostras independentes.

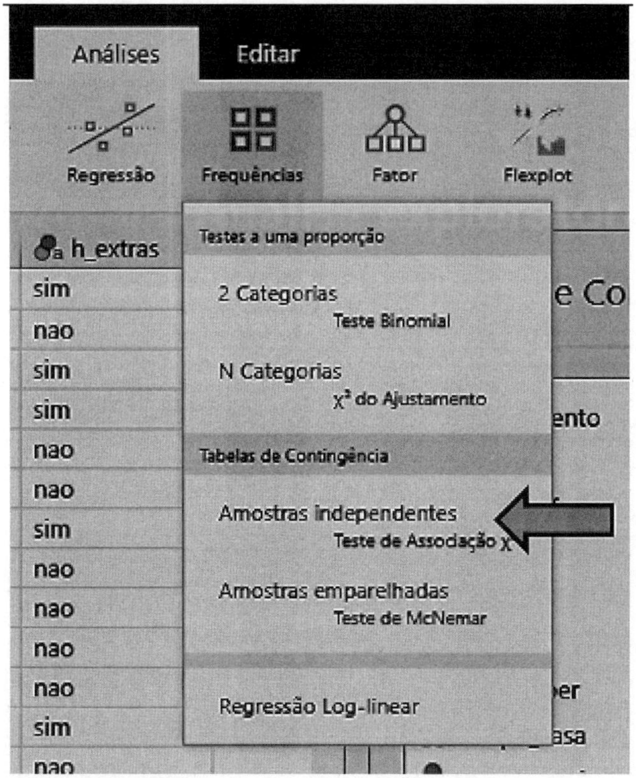

Figura 3.22 Seleção para tabela de contingência.

- No menu de Amostras independentes, selecionamos as opções a seguir.

Como colocamos a variável alvo *attrition* nas colunas, a análise fica mais simples escolhendo as porcentagens nas linhas. Veremos como se distribuem as duas categorias de *attrition* em cada *local.*

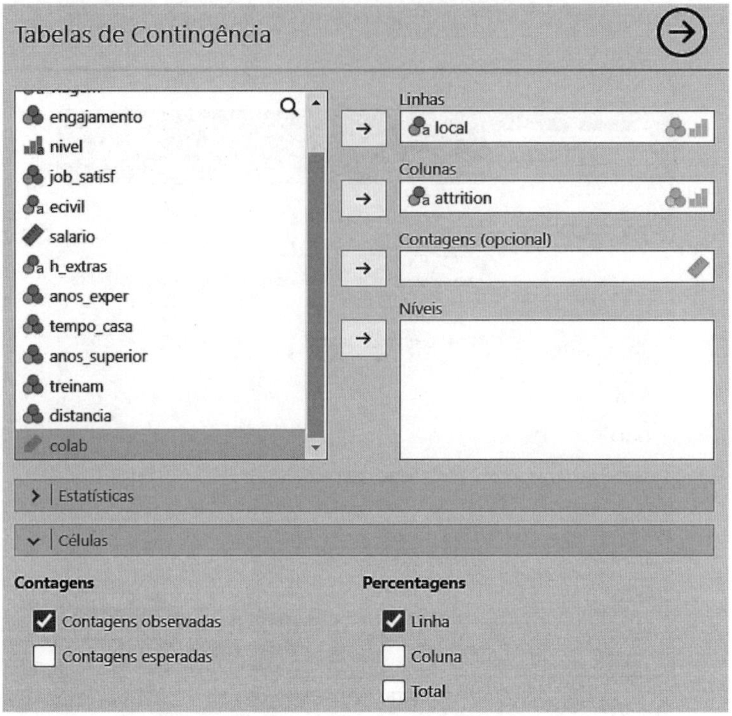

Figura 3.23 Opções para a Tabela de Contingência.

Obteremos a tabela (Figura 3.24):

Tabelas de Contingência

		Attrition		
Local		**Não**	**Sim**	**Total**
Fábrica1	Observado	828	133	961
	% em linha	86.2 %	13.8 %	100.0 %
Fábrica2	Observado	354	92	446
	% em linha	79.4 %	20.6 %	100.0 %
Matriz	Observado	51	12	63
	% em linha	81.0 %	19.0 %	100.0 %
Total	Observado	1233	237	1470
	% em linha	83.9 %	16.1 %	100.0 %

Figura 3.24 Tabela de Contingência *local* x *attrition.*

Dos 961 colaboradores na *fábrica1*, 133 se deligaram voluntariamente em 2022 (*attrition* = sim). Isso representa 13,8% dos colaboradores desse local. Em contrapartida, verificamos que 20,6% dos colaboradores da *fábrica2* e 19% da *matriz* se desligaram. Essa informação ajuda os analistas a investigar a causa do problema. Em suma, verificamos que há diferenças significativas entre os desligamentos em função do local de trabalho e, portanto, a variável *local* pode ser útil para prever futuros desligamentos.

Quando o total de colaboradores em uma linha não é grande (por exemplo, menor que 500, como no caso da categoria *matriz*), temos que olhar com cuidado as proporções na linha, pois a margem de erro para estimar proporções com amostras "pequenas" não é desprezável.[8]

Analisando a relação do *nível* hierárquico com *attrition*, obteremos a tabela (Figura 3.25):

Tabelas de Contingência

		Attrition		
Nível		**Não**	**Sim**	**Total**
1	Observado	400	143	543
	% em linha	73.7 %	26.3 %	100.0 %
2	Observado	482	52	534
	% em linha	90.3 %	9.7 %	100.0 %
3	Observado	186	32	218
	% em linha	85.3 %	14.7 %	100.0 %
4	Observado	101	5	106
	% em linha	95.3 %	4.7 %	100.0 %
5	Observado	64	5	69
	% em linha	92.8 %	7.2 %	100.0 %
Total	Observado	1233	237	1470
	% em linha	83.9 %	16.1 %	100.0 %

Figura 3.25 Tabela de Contingência *nível* x *attrition*.

8 O jamovi apresenta, ainda, na saída uma outra tabela "Testes $\chi 2$" que não será utilizada neste livro.

Observamos claramente que, nos níveis hierárquicos mais baixos (1 a 3), as porcentagens de desligamento são significativamente maiores. Isso pode servir de alerta para que a direção da empresa reveja suas políticas de recrutamento e carreira nesses níveis.

Notamos que, nas duas análises utilizadas como exemplos, a AED já se mostra útil no sentido de evidenciar diferenças de comportamento em locais de trabalho e níveis hierárquicos para sugerir melhorias na gestão desses casos.

3.10 ANÁLISE BIVARIADA – VARIÁVEL QUANTITATIVA *X* VARIÁVEL QUALITATIVA

Para analisar a variação de uma variável quantitativa entre as diferentes categorias de uma variável qualitativa (por exemplo, verificar como variam as idades em cada uma das duas categorias de *attrition)*, o gráfico recomendado é o *box-plot.*

O *box-plot* é um gráfico que parece complicado, mas, na realidade, com pouco treino, torna-se simples de interpretar. É a ferramenta preferida dos analistas de dados para analisar a relação entre variáveis quantitativas e variáveis qualitativas. Utilizando o *box-plot* podemos visualizar rapidamente e com extrema clareza as diferenças entre dois ou mais conjuntos de dados. O *box-plot* é denominado por alguns analistas como *Diagrama de extremos e quartis.*

DEFININDO O *BOX-PLOT*

Para explicar sua construção e interpretação, vamos considerar no início os dados utilizados anteriormente, substituindo o valor discrepante 50 pelo valor 33. Em seguida, analisaremos o que ocorre quando há *outliers.*

22 – 22 – 23 – 24 – 24 – 25 – 26 – 28 – 29 – 30 – 31 – 33

Vimos que Q1 = 23,5; Q2 = 25,5; Q3 = 29,5. Gerando o *box-plot* com o jamovi obteremos:

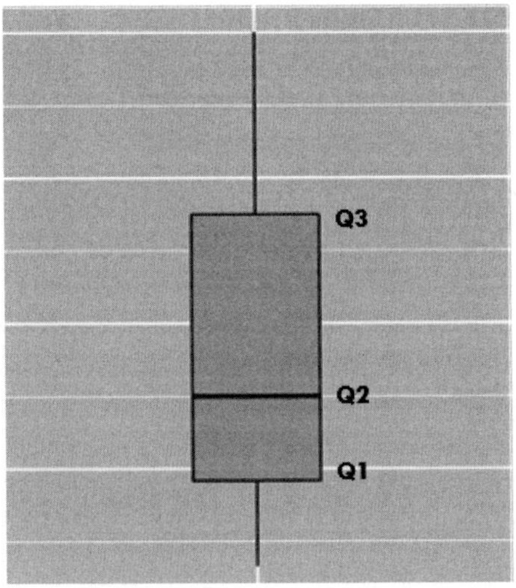

Figura 3.26 O *box-plot*.

O gráfico é composto de uma caixa e dois "bigodes" (linhas verticais), um acima e outro abaixo da caixa.

- O topo da caixa corresponde ao terceiro quartil Q3 (29,5); a base da caixa é o primeiro quartil Q1(23,5); a linha dentro da caixa é a mediana Q2 (25,5). Portanto, a caixa representa aproximadamente 50% dos dados.
- O valor inferior é o valor mínimo da série (22). O valor superior é o valor máximo da série (33).
- O bigode inferior mostra a variação dos 25% menores valores. O bigode superior mostra a variação dos 25% maiores valores.

Agora, vamos considerar a mesma série, trocando o último valor (33) por um valor discrepante (50):

22 – 22 – 23 – 24 – 24 – 25 – 26 – 26 – 28 – 29 – 30 – 31 – 50

Como vimos anteriormente, os valores dos quartis não se alteram pelo fato de termos um valor discrepante (*outlier*). No entanto, o *box-plot* se altera, evidenciando a presença desse *outlier*. A etiqueta (12), ao lado do ponto, significa que é o 12º ponto da lista.

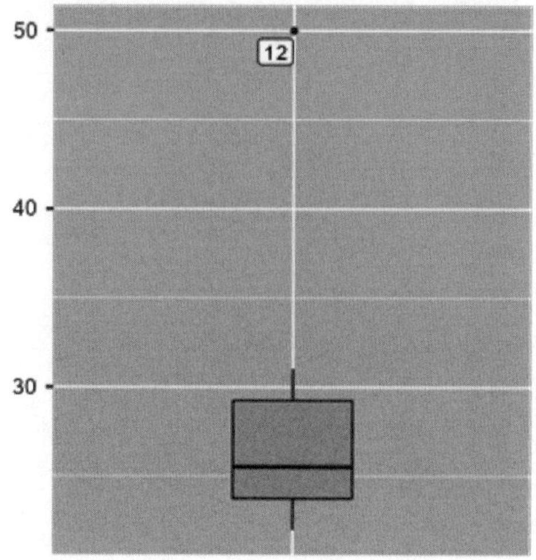

Figura 3.27 O *box-plot* com dado discrepante.

Nesse caso, o limite do bigode superior não é mais o maior valor da série. Ele será calculado pelo jamovi, utilizando uma fórmula estatística. Mas, para fins práticos, podemos interpretar como sendo o maior valor não discrepante da série. O dado discrepante (valor 50) é indicado por um ponto isolado.

A utilização do *box-plot* permite identificar a presença de potenciais valores discrepantes quando a distribuição da variável (representada pelo histograma) não é muito assimétrica. Quando a distribuição é muito assimétrica, pontos fora do *box-plot não devem ser considerados outliers*, a menos que estejam muito afastados dos demais. Adiante, vamos estudar com maiores detalhes a ocorrência dos valores discrepantes e a forma de tratá-los antes de desenvolver o modelo de PA. A Figura 3.28 ilustra esta última situação com a variável *tempo_casa,* cujo histograma é muito assimétrico à direita. Os pontos fora do *box-plot* na parte superior não devem ser considerados *outliers.*

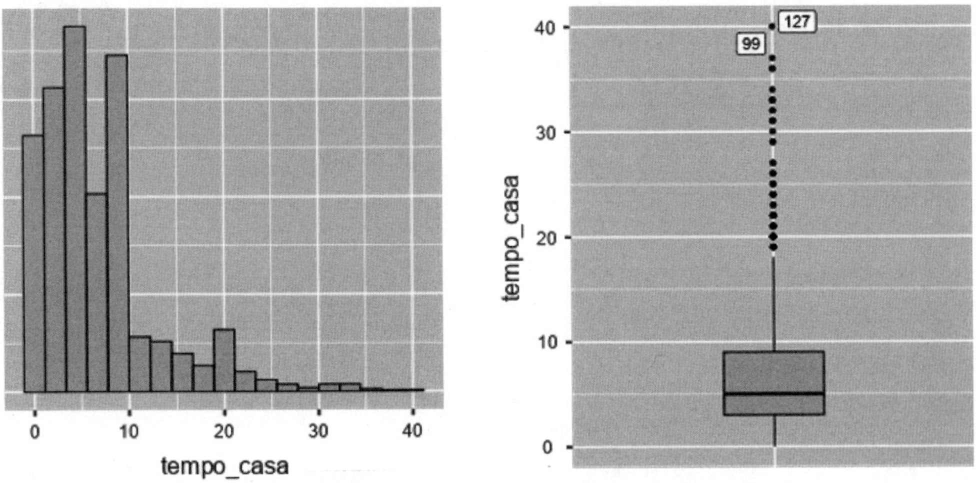

Figura 3.28 Histograma e *box-plot* para uma distribuição assimétrica.

Note que o *box-plot* mostra que a distribuição é assimétrica, pois os comprimentos dos bigodes são diferentes (mais longo na parte de cima), e a linha da mediana está deslocada para a parte inferior da caixa. Os 50% menores valores estão mais concentrados (ocupam um menor espaço) que os 50% maiores valores. Isto também pode ser visto no histograma.

CONSTRUÇÃO DO *BOX-PLOT* COM JAMOVI E USO EM ANÁLISES BIVARIADAS

Vamos comparar o comportamento da variável contínua *distância* (preditora) entre as duas classes da variável *attrition* (alvo). Essa análise também pode ser utilizada para combinar duas variáveis preditoras (uma qualitativa e a outra quantitativa).

- No menu de Estatística Descritiva, escolhemos a variável contínua *distancia;* e na janela "separar por", escolhemos a variável *attrition.*
- Na parte de Gráficos, escolhemos a opção *Box plot.*

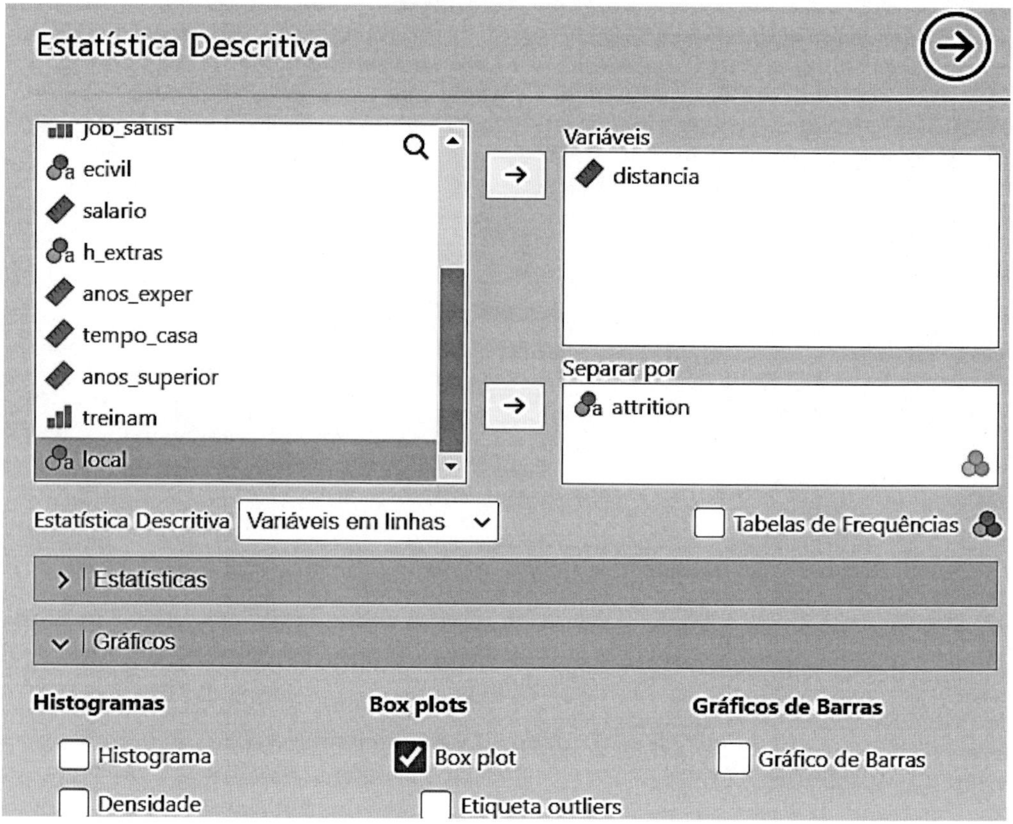

Figura 3.29 Opções para construção dos *box-plots*.

Os resultados obtidos estão na Figura 3.30.

Estatística Descritiva

	Attrition	N	Omisso	Média	Mínimo	Máximo	Percentis 25th	Percentis 50th	Percentis 75th
Distância	não	1233	0	6.00	0.50	12.20	4.70	6.00	7.40
	sim	237	0	7.89	0.50	14.60	6.00	7.70	10.00

Figura 3.30a Estatísticas para *distância* x *attrition*.

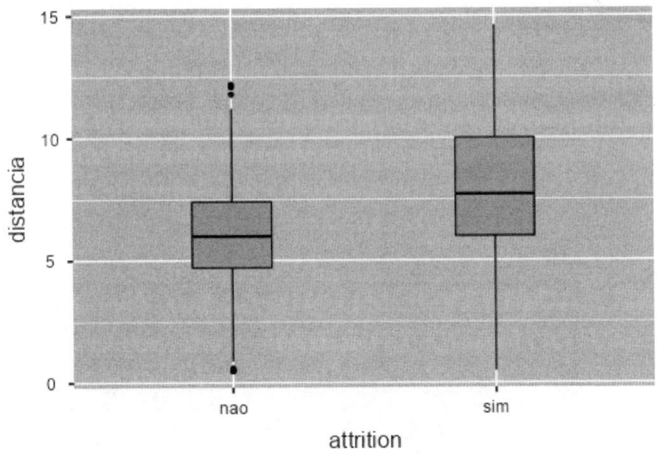

Figura 3.30b *Box-plots* de *distância* x *attrition.*

Podemos observar que os colaboradores que se desligaram (*attrition* = sim) apresentam distâncias do local de trabalho um pouco superiores aos demais. As medidas correspondentes encontram-se na tabela de Estatística Descritiva (Figura 3.30a). Notamos, tanto no gráfico quanto analisando as medidas, que os percentis e os desvios-padrão apresentam uma diferença significativa.

Para reforçar o aprendizado dessas análises, vamos analisar os *box-plots* de outras variáveis de nosso arquivo de dados.

Variável *idade*:

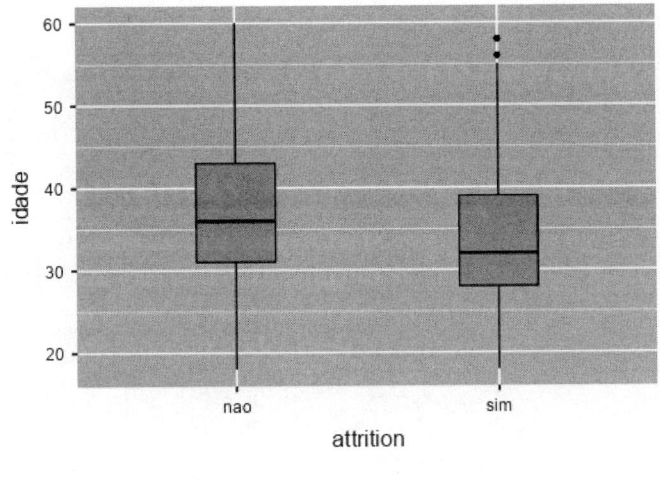

Figura 3.31 Análise bivariada *idade* x *attrition.*

Para *attrition* = sim, as idades dos colaboradores são inferiores. No gráfico, vemos que a mediana de *idade* para *attrition* = sim é aproximadamente igual a 32, enquanto para *attrition* = não, a mediana é aproximadamente igual a 36. A caixa dos valores centrais para *attrition* = sim também está um pouco mais baixa que a de *attrition* = não.

Variável *salário*:

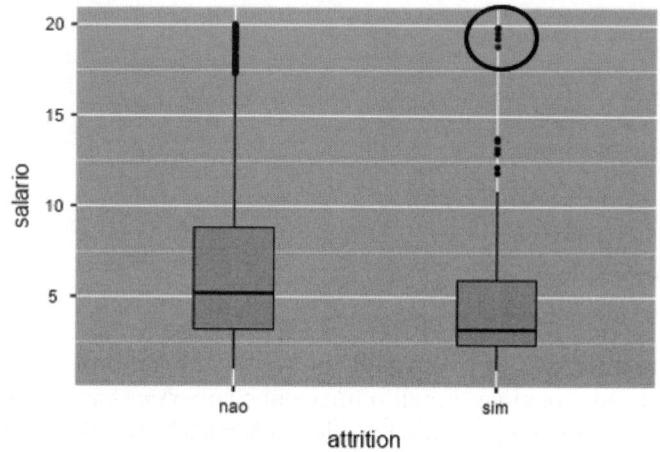

Figura 3.32 Análise bivariada *salario* x *attrition.*

Os salários de *attrition* = sim são inferiores. Nessa categoria, observamos a ocorrência de pontos muito afastados dos demais (destacados dentro do círculo), sugerindo serem *outliers*. Adiante, vamos aprender como tratar esses casos discrepantes.

Variável *anos_superior*:

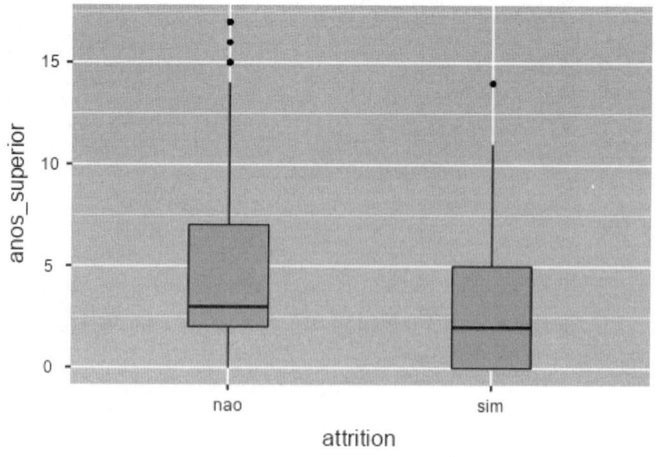

Figura 3.33 Análise bivariada *anos_superior* x *attrition.*

Os valores de *anos_superior* são levemente inferiores para *attrition* = sim. Nessa categoria, observamos a ocorrência de possíveis *outliers*.[9] O *box-plot* da categoria *attrition* = sim não apresenta um bigode na parte inferior. Isso ocorre quando 25% dos valores inferiores são todos iguais, ou seja, o valor mínimo coincide com o primeiro quartil.

Quando a variável qualitativa tem apenas duas categorias (*attrition* = sim e *attrition* = não, nesse caso), a utilização do *box-plot* é importante para visualizar as diferenças entre os comportamentos da variável quantitativa (*anos_supervisor*, nesse exemplo). Poderíamos argumentar que bastaria analisar a tabela com as medidas descritivas para ter uma ideia das diferenças. Mas, no caso em que a variável qualitativa tem várias categorias, o *box-plot* é insubstituível. Analisemos, por exemplo, a relação entre idade e nível hierárquico.

Estatística Descritiva

							Percentis		
	Nível	**N**	**Omisso**	**Média**	**Mínimo**	**Máximo**	**25th**	**50th**	**75th**
Idade	1	543	0	32.52	18	59	27.00	31.00	37.00
	2	534	0	36.60	22	60	31.00	35.50	41.00
	3	218	0	40.09	27	60	34.00	38.00	46.00
	4	106	0	47.54	29	59	43.00	48.00	53.00
	5	69	0	47.75	39	60	42.00	48.00	52.00

Figura 3.34a Estatísticas para *idade* x *nível*.

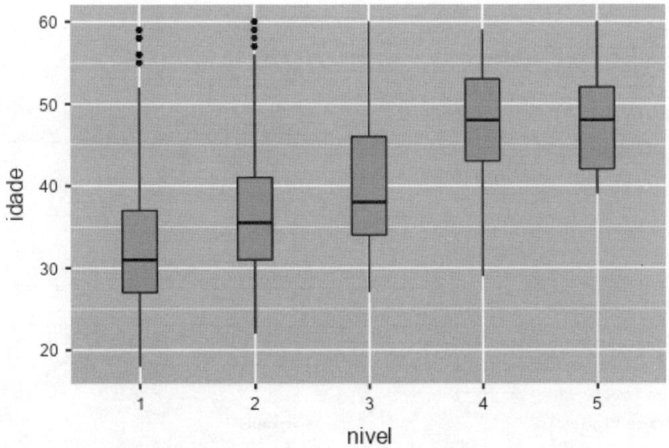

Figura 3.34b *Box-plots* para *idade* x *nivel*.

9 Um ponto no gráfico pode corresponder a mais de uma observação.

Embora, nesse caso, o resultado da comparação já seja o esperado, mostramos na Figura 3.34b que a comparação, utilizando o *box-plot*, é muito mais rápida e simples que a análise das medidas estatísticas na Figura 3.34a. Vemos facilmente que níveis mais altos são ocupados por colaboradores de maior idade.

3.11 ANÁLISE BIVARIADA – DUAS VARIÁVEIS QUANTITATIVAS

O *diagrama de dispersão* ou *gráfico de dispersão (scatterplot)* é o gráfico recomendado para analisar a relação entre duas variáveis quantitativas. Para ilustrar seu funcionamento, vamos considerar um exemplo com poucos dados. Analisaremos a relação entre as médias das vendas mensais e a nota no teste de recrutamento de 18 vendedores das Lojas Dummy.

Tabela 3.5 Vendas *x* teste dos vendedores das Lojas Dummy

teste	5.3	5.3	5.3	5.5	5.8	6.3	6.3	7.0	7.5	7.8	7.8	7.8	7.8	8.0	8.3	9.0	9.3	10.0
vendas	70	100	125	460	180	150	250	210	230	290	310	230	350	270	300	460	330	460

- Selecionamos o arquivo RLS_LOJAS_DUMMY
- Selecionamos o menu de Análises/Exploração/Gráfico de Dispersão
- Selecionamos as opções seguintes (Figura 3.36)

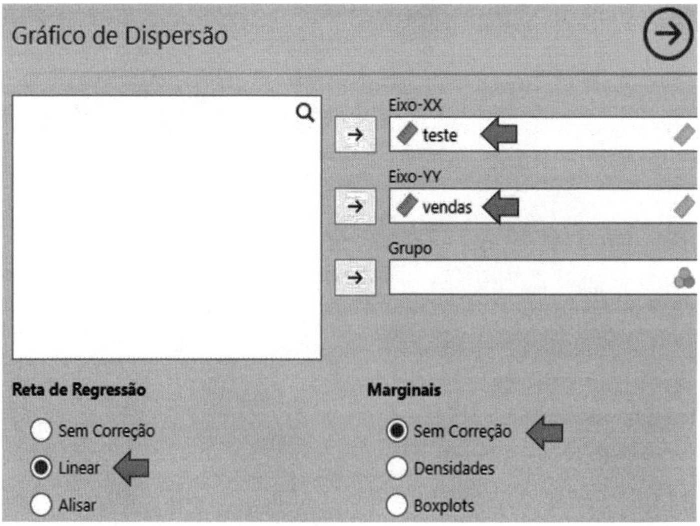

Figura 3.35 Opções para gráfico de dispersão.

Obtemos a saída na Figura 3.36. Cada ponto corresponde a um vendedor.[10] Verificamos que há uma tendência linear, ou seja, quando a nota do teste cresce, as vendas também crescem; a linha reta ajustada pelo jamovi dá uma ideia dessa relação. Observamos também um ponto com comportamento bem discrepante, com nota 5,5, e vendas igual a 460.

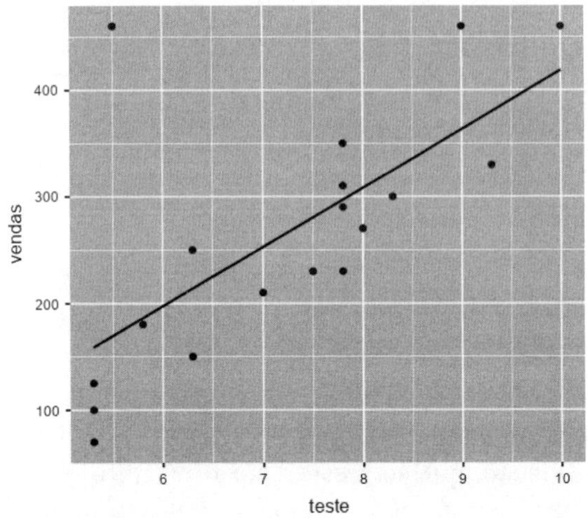

Figura 3.36 Gráfico de dispersão.

Ao fazer o diagrama de dispersão para estudar a relação de duas variáveis, não há uma regra sobre quem colocar no eixo horizontal (eixo das *abscissas*) e no eixo vertical (eixo das *ordenadas*). Costuma-se colocar no eixo vertical a variável que é função da outra. Por exemplo, pela lógica, as vendas dependem da nota do teste de recrutamento.

No caso de nosso exemplo da Solhel Ind. Como temos centenas de indivíduos na amostra, a visualização da relação das duas variáveis nem sempre é muito clara. Mas, em geral, podemos ter uma ideia dessa relação. Por exemplo, vamos construir o diagrama de dispersão para as variáveis *salário* e *idade*.

10 Se dois ou mais vendedores tivessem as mesmas notas e vendas, seriam representados por um único ponto.

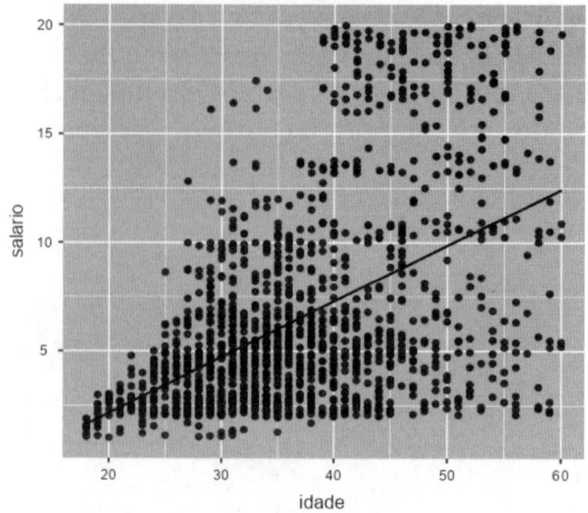

Figura 3.37 Gráfico de dispersão de *salário* por *idade*.

A análise do gráfico mostra uma tendência linear entre as variáveis, ainda que não tão clara quanto no exemplo anterior. Será necessário recorrer a uma medida descritiva denominada correlação, que será estudada no Capítulo 5, para quantificar esse grau de associação linear. Notamos também que, quanto maior a idade, maior a dispersão dos salários.

O diagrama de dispersão pode mostrar que não há nenhuma relação linear entre as variáveis. É o caso da relação entre distância do local de trabalho e idade, por exemplo.

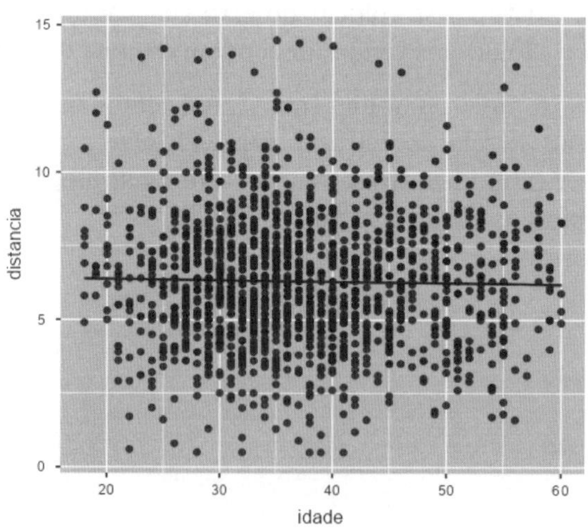

Figura 3.38 Diagrama de dispersão de *distância* e *idade*.

3.12 EXERCÍCIOS

3.1. Considere a planilha KLASS_PERFORM que contém dados dos colaboradores de uma grande empresa. Eles foram avaliados um ano após sua contratação e classificados em quatro categorias de acordo com suas performances. O objetivo dos analistas de RH é analisar as diferenças entre os quatro grupos em relação às informações obtidas no processo de contratação.

Tabela 3.6 Variáveis do arquivo KLASS_PERFORM

Variável	Descrição
ID	Identificação do colaborador
depto	Departamento onde foi alocado na data de contratação
educacao	Nível de instrução na data de contratação
sexo	Sexo
canal_recrut	Plataforma de recrutamento na data de contratação
dependentes	Número de dependentes na data de contratação
idade	Idade em anos completos na data de contratação
distancia	Distância do local de trabalho na data de contratação
cursos_especializacao	Fez cursos de especialização na data de contratação
performance (alvo)	Avaliação (1– regular; 2 – boa; 3 – muito boa; 4 – excelente)

a) Analise individualmente cada uma das variáveis da planilha.

b) Analise as relações entre cada variável coletada no recrutamento e a variável *performance.*

3.2. A empresa MABCALL é um call center com aproximadamente 15 mil atendentes. Um dos problemas que preocupa o diretor de RH é o processo de recrutamento de novos atendentes. Boa parte dos atendentes contratados permanece pouco tempo na empresa, não compensando o investimento em seu treinamento. Em média, menos de seis meses. Alguns são dispensados pouco tempo depois da contratação devido ao baixo desempenho.

A empresa dispõe de uma base de dados de colaboradores contratados em passado recente, classificados como "bom", quando permaneceram na empresa por 12 meses completos ou mais, e como "mau", quando permaneceram menos de 12 meses, quer por pedir afastamento, quer por serem demitidos por mau desempenho.

Selecionou-se aleatoriamente uma amostra de operadores contratados pela empresa para analisar a relação de cada variável preditora com a variável alvo e construir um modelo que permita classificar candidatos ao emprego de atendente como prováveis "bom" ou "mau". Os dados estão no arquivo KLASS_MABCALL.

Tabela 3.7 Variáveis do arquivo KLASS_MABCALL

Variável	Descrição
operador	Identidade do operador
idade	Idade na data de contratação (faixas etárias)
eciv	Estado civil na data de contratação
dep	Número de dependentes na data de contratação
tst	Nota no teste de recrutamento na data de contratação
esup	Possuía ensino superior completo na data de contratação
abandono	1: ficou menos de 12 meses ("mau"); 0: ficou mais de 12 meses na empresa ("bom")

a) Analise individualmente as variáveis da planilha.

b) Analise as relações entre cada informação coletada no processo de contratação e a variável *abandono*.

APÊNDICE – INSTALAÇÃO DO JAMOVI

Para instalar o jamovi, use o site oficial e siga os passos:

1) Acesse https://www.jamovi.org/ e escolha a opção desktop.

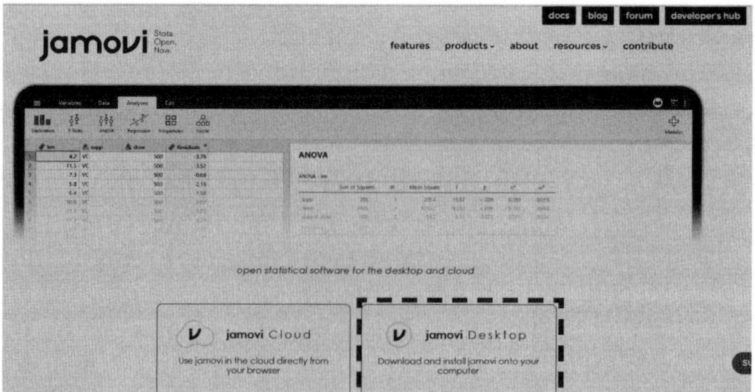

2) Selecione a opção compatível com seu sistema operacional (OS). São apresentadas duas versões: Solid (versão estável e recomendada para a maioria dos usuários) e Current (versão com as últimas atualizações). Você verá em destaque as versões para o Windows. Caso escolha da lista, prefira o formato ".exe". Um arquivo será baixado na pasta de *Downloads* em seu computador. Clique duas vezes para executar o programa e siga as instruções de instalação.

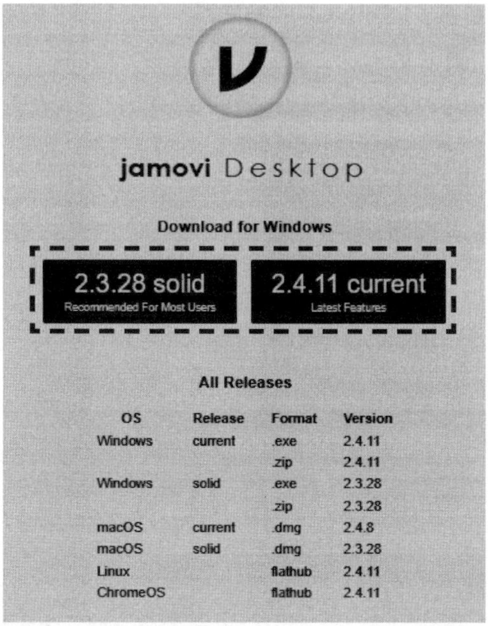

3) Ao finalizar a instalação, procure por "jamovi" na lista de programas. Ao abri-lo, você verá a tela principal.

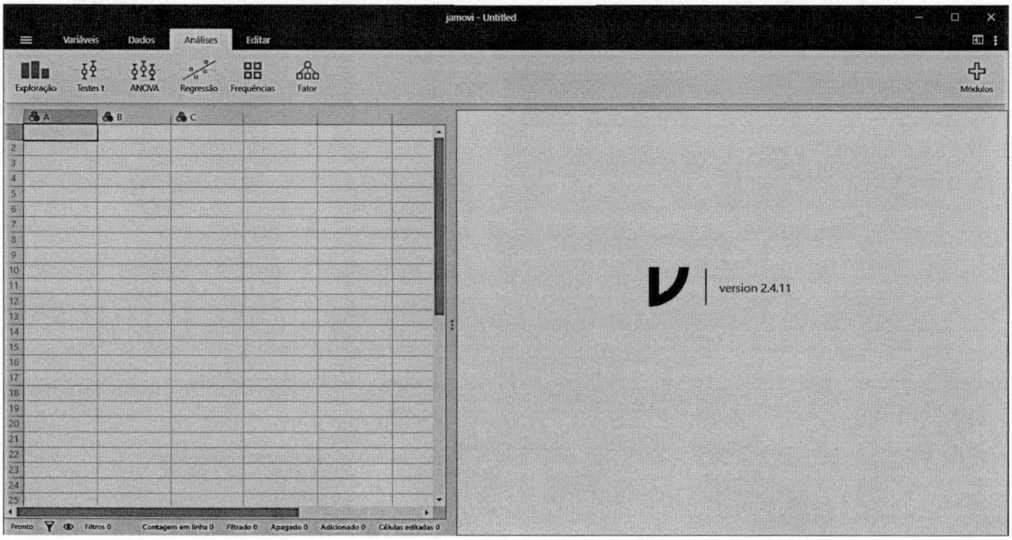

4) Se desejar, altere o idioma acessando o painel de configurações localizado no canto superior direito. Uma lista de opções surgirá e a seleção do idioma estará no final da lista. Para concluir, clique na seta, no canto superior direito da lista. Nesse painel, você pode também selecionar o número de casas decimais desejado ao fazer os cálculos e o formato dos gráficos. Teste alguns para selecionar o que você mais gosta.

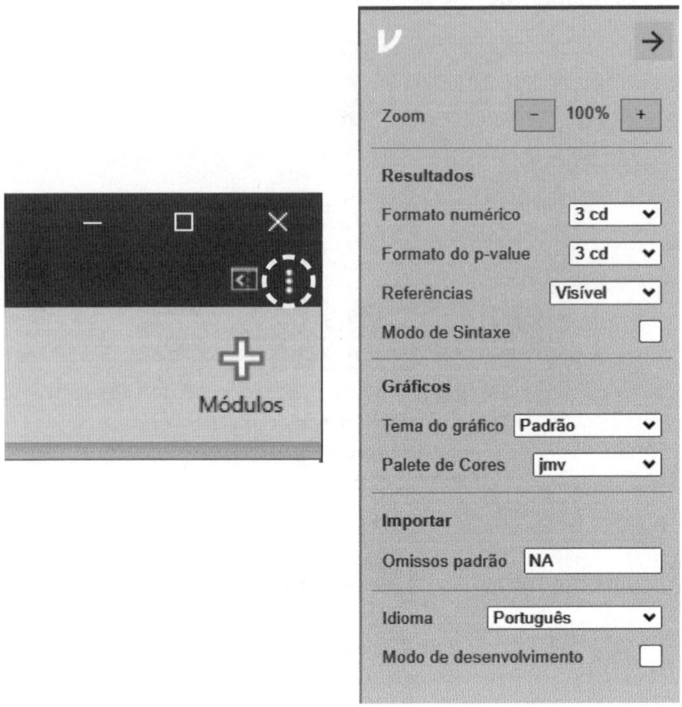

5) Para abrir um arquivo ou guardá-lo, acesse o menu, no canto superior esquerdo. Uma lista de opções surgirá. É possível abrir arquivos em Excel, CSV e outros formatos listados.

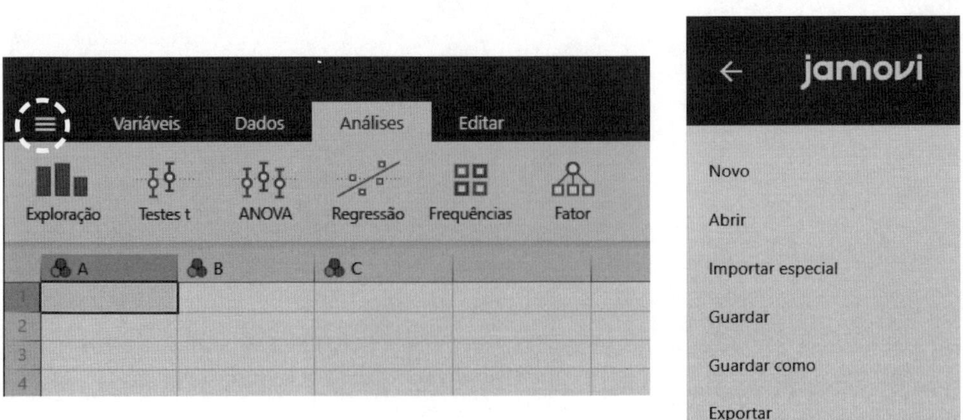

6) O jamovi possui módulos adicionais desenvolvidos por colaboradores mundiais, que podem ser adicionados pelo usuário. Para isso, acesse a seção "Módulos", no canto superior direito, e a *Biblioteca jamovi*.

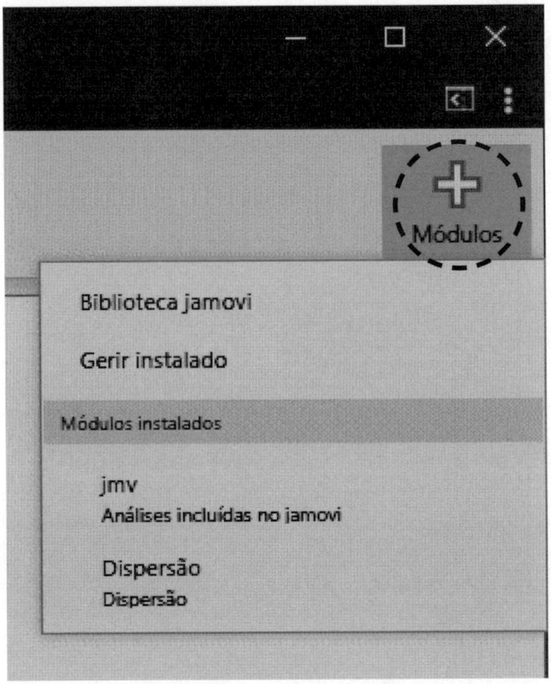

Neste livro, vamos utilizar módulos que já vêm instalados ao fazer o download do jamovi.

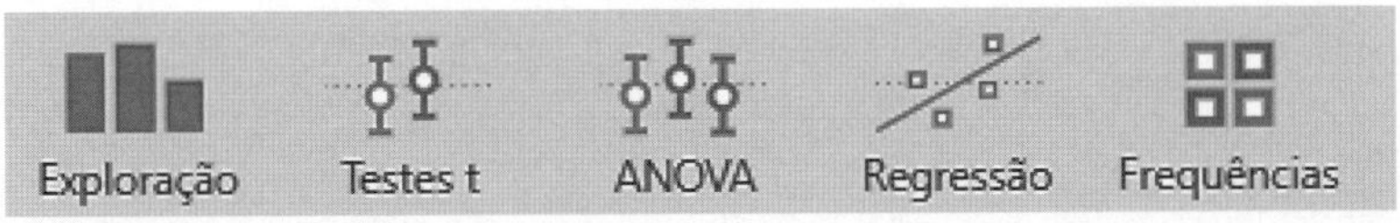

CAPÍTULO 4

Preparação dos dados

4.1 INTRODUÇÃO

A Análise Exploratória de Dados (AED) pode mostrar a necessidade de fazer correções na base de dados ou sugerir a criação de novas variáveis para o desenvolvimento dos modelos de *People Analytics* (PA). Neste capítulo, vamos analisar alguns problemas que podemos encontrar ao analisar dados e discutir a forma de contorná-los. Os temas a serem contemplados são:

- Dados discrepantes (*outliers*).
- Dados em branco (*missing values*).
- Geração de novas variáveis.
  - ▹ Criação de variáveis binárias.
  - ▹ Combinação de variáveis.

Para ilustrar as técnicas que aqui serão apresentadas, vamos utilizar o arquivo RLM_SCHLEPER que apresenta as despesas com colaboradores acidentados da área fabril em três fábricas da Metalúrgica Schleper no último ano. A empresa tem um plano de saúde próprio (autosseguro) com coparticipação, ou seja, o colaborador cobre parte das despesas. Com base nos dados disponíveis, pretende-se desenvolver um modelo para prever as despesas anuais com acidentes. As variáveis disponíveis são:

Tabela 4.1 Variáveis do arquivo RLM_SCHLEPER

Variável	Descrição
idade	Idade do colaborador
sexo	Sexo do colaborador
IMC	Índice de massa corporal
dependentes	Número de dependentes
fumante	Colaborador é/foi fumante
local	Local de trabalho
despesa	Despesas causadas pelo acidente em X$

4.2 DADOS DISCREPANTES

Dados discrepantes ou *outliers* em uma variável qualitativa ou quantitativa são dados que diferem significativamente dos demais dados dessa variável. Por exemplo, um colaborador que tem salário muito maior que de todos os outros, um colaborador de 70 anos em uma empresa na qual todos são jovens, um viúvo de 18 anos etc.

Um hábito de muitos analistas inexperientes é a simples eliminação desses dados. Esta não é a forma correta de lidar com esses casos, pois há muitas situações que podem conter informações valiosas para o estudo. O correto é analisarmos o porquê de sua ocorrência, o que nem sempre é uma tarefa fácil. Só depois decidiremos como tratar esses *outliers.*

4.2.1 POR QUE OCORREM OS *OUTLIERS*?

Os *outliers* podem decorrer de diferentes causas. Em geral, as principais são:

- Erros no fornecimento das informações:
  - ▹ Questionários complexos ou mal formulados.
  - ▹ Candidato a emprego "exagerou" ao informar os anos de experiência para impressionar o recrutador.
  - ▹ Colaborador expatriado colocou sua altura em pés (erros de medição).
- Erros de codificação/digitação:
  - ▹ Digitador imputou por engano a altura de um indivíduo como sendo 17,8 m (na realidade é 1,78 m).
  - ▹ Motorista preso por dirigir embriagado com idade igual a 4 anos!

- Erros de amostragem:
  - ▷ Administrador foi selecionado por engano. Ao analisar os dados dos colaboradores de TI, eventualmente, o seu tempo de casa pode ser muito superior aos dos analistas de TI, uma área recente na empresa.
  - ▷ Amostra incluiu por engano o diretor da empresa quando o objetivo era analisar os colaboradores com baixo nível hierárquico. Seu salário será certamente discrepante dos demais.

4.2.2 COMO DETECTAR OS *OUTLIERS*?

A detecção de *outliers* nem sempre é uma tarefa simples. Há várias formas de identificá-los. Alguns softwares incluem funções que auxiliam na detecção, mas nem sempre conduzem a resultados confiáveis. Vamos restringir-nos ao método mais simples, provavelmente o mais utilizado pelos analistas de dados: a análise visual de *box-plot* e histograma. Outra alternativa interessante pode ser a análise dos cinco (por exemplo) maiores valores e dos cinco menores.

No caso de distribuições simétricas, cujo histograma tem forma aproximada de sino, pontos fora dos limites do *box-plot* são considerados *outliers*. No entanto, no caso de distribuições assimétricas, pontos fora dos limites não significam necessariamente que sejam *outliers*. Nesses casos, só consideramos como *outliers* pontos "muito" afastados dos demais.

Na planilha de dados da Metalúrgica Schleper, o histograma de *despesas* mostra que a distribuição é assimétrica à direita e também a ocorrência de um valor discrepante acima de 10.000; o *box-plot* sugere a presença de um *outlier*. Os demais pontos fora dos limites do *box-plot* não serão considerados *outliers*; são apenas uma continuação do bigode superior.

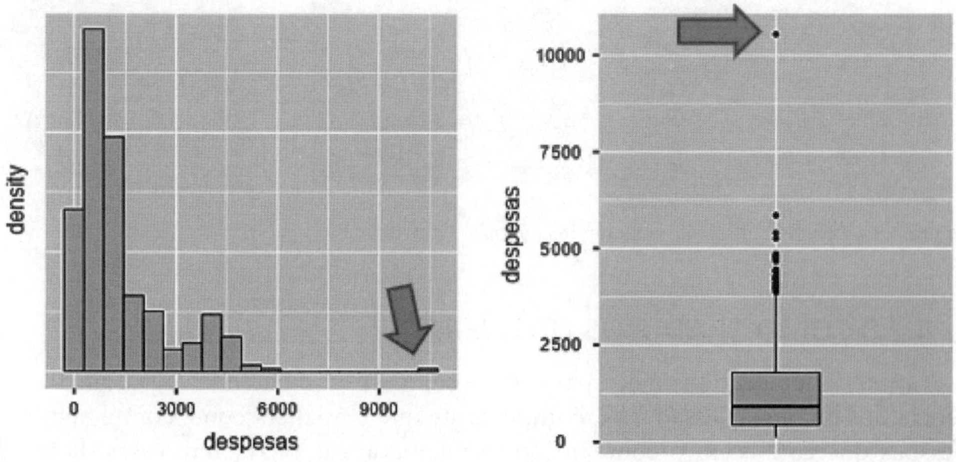

Figura 4.1 Histograma e *box-plot* de *despesas*.

Para selecionar os valores extremos (maiores e menores), indicamos essa opção no jamovi, na parte inferior da caixa de diálogo de Estatísticas.

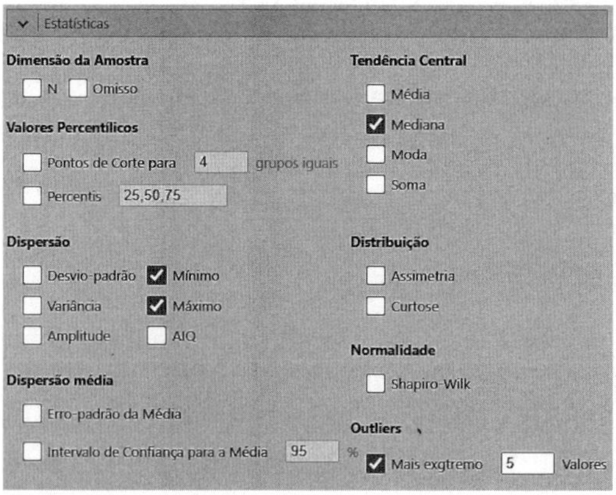

Valores extremos de despesa

		Número de linha	Valor
Highest	1	23	10550.000
	2	11	5857.110
	3	84	5400.000
	4	281	5259.080
	5	147	4854.920
Lowest	1	55	113.590
	2	291	113.700
	3	146	114.680
	4	4	125.390
	5	171	125.630

Figura 4.2 Seleção dos valores extremos de *despesas.*

Notamos que o maior valor, na linha 23 (10550,00) difere significativamente dos demais. Claro, poderíamos ter mais de um *outlier.*

Para as demais variáveis quantitativas, teremos os *box-plots* descritos na Figura 4.3. *IMC* apresenta dois *outliers* (nas linhas 76 e 87), *dependentes* apresenta um *outlier* (na linha 53) e *idade* não apresenta valores discrepantes.

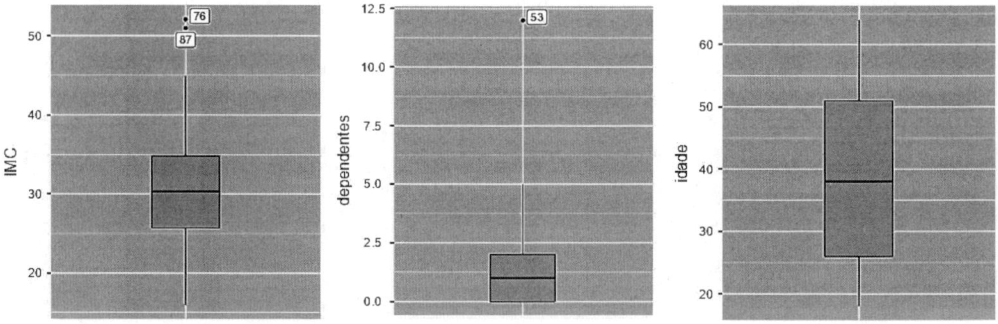

Figura 4.3 *Box-plots* de *IMC, dependentes* e *idade.*

4.2.3 COMO TRATAR OS *OUTLIERS*?

Como dissemos, o primeiro passo deve ser analisar e entender o porquê da ocorrência dos *outliers.* Nessa etapa, é importante que o analista conte com o suporte de pessoas que conhecem o contexto do problema a que se referem esses dados. Por exemplo, se estamos analisando dados de recrutamento, é fundamental o conhecimento dos analistas de Recursos Humanos (RH) envolvidos com esse processo para tentar entender e explicar a origem dos *outliers* e, consequentemente, tomar uma ação corretiva adequada. Infelizmente, nem sempre é possível encontrar uma explicação razoável para um dado discrepante.

Não há uma forma única e perfeita de lidar com *outliers*, mas temos algumas alternativas que podemos utilizar em certas situações para tratamento dos *outliers*. Por exemplo:

- Quando se trata de possível erro de digitação – talvez a causa mais comum –, nem sempre é possível ter acesso aos dados originais para corrigir o erro. Nesse caso, se o número de *outliers* for muito pequeno, em comparação com o tamanho da amostra, podemos remover as observações que contêm os *outliers*.
- Ao analisar o *outliers*, verificamos que se trata de um caso real, atípico, e não de erro de digitação. Por exemplo, uma aluna de graduação com mais de 40 anos de idade. Nesse caso, recomendamos excluir o *outlier*, tomando o cuidado de não aplicar o modelo a ser desenvolvido na ocorrência desses casos. Em nosso exemplo, não aplicaríamos o modelo para tratar de alunos com mais de 40 anos. Estes seriam tratados à parte.
- Quando o número de *outliers* é relativamente grande, precisamos verificar se não se trata de um problema de amostragem. Por exemplo, na mesma amostra, consideramos os salários dos executivos da empresa, muito superiores aos demais salários. O mais recomendável, nesse caso, é separar em dois grupos (executivos e não executivos), removendo salários acima de determinado valor.
- Uma alternativa que pode ser utilizada quando há alguns *outliers* que não são erros de digitação é substituir seus valores pelo valor mais próximo que não é um *outlier* da variável, desde que faça sentido no contexto do problema. Ilustraremos o procedimento a seguir.

Em nosso exemplo, ao trabalhar com o *IMC*, verificamos que temos dois *outliers* com valores 52,1 e 51. Observamos também que P99 ~ 45, ou seja, 99% dos colaboradores tem *IMC* menor ou igual a 45. Poderíamos substituir os dois *outliers* pelo valor 45. Os dois valores originais e o novo valor pertencem ao mesmo grupo de obesidade mórbida (obesidade grau III). Acreditamos, portanto, que a substituição dos *outliers* por um valor no mesmo grupo de risco não deve afetar o modelo de previsão de despesas.

No caso da variável *despesa*, o analista verificou que essa despesa (12.000) realmente existiu, não sendo erro de digitação. Tratando-se de um acidente atípico, que raramente aconteceu, optou-se por remover o indivíduo correspondente da amostra.

Para o número de *dependentes*, observou-se também que era um dado real. Poderíamos remover o indivíduo ou substituir pelo valor 5, que corresponde ao P99 da variável.

4.3 DADOS OMISSOS

Os *dados omissos* são também denominados *dados em branco* ou *dados faltantes* ou, comumente, pelo nome em inglês, *missing values* (MV). São várias as razões por que podem ocorrer, por exemplo:

- Recusa em responder a determinada questão (salário anterior, por exemplo).
- Não entendimento da questão pelo respondente.
- Não se aplica (*missing* "estrutural": tempo de emprego do autônomo).
- Respostas não previstas nos campos do questionário (por exemplo, não existe o campo para união marital no item estado civil).
- Fadiga (questionário longo).

Para a metalúrgica Schleper, o software apresenta nas estatísticas descritivas a figura seguinte.

Estatística Descritiva

	N	Omisso	Mediana	Mínimo	Máximo
idade	324	1	38.000	18	64
sexo	322	3			
IMC	325	0	30.300	16.000	52.100
dependentes	325	0	1	0	12
fumante	325	0			
local	324	1			
despesas	325	0	917.410	113.590	10550.000

Figura 4.4 Estatísticas descritivas da Metalúrgica Schleper.

A variável idade apresenta um dado omisso, a variável sexo, três dados omissos, e a variável local, um caso omisso.

4.3.1 CLASSIFICAÇÃO DOS DADOS OMISSOS

Os dados omissos podem ser classificados como *aleatórios* ou *não aleatórios*. Para explicar a diferença, suponhamos que temos uma base de dados com os dados de recrutamento de 1.800 colaboradores e de suas performances um ano após a contratação. Vamos admitir que os colaboradores foram classificados em dois grupos, BP (*boa performance*) ou MP (*má performance*). O objetivo é prever em qual categoria o candidato a emprego será classificado com base nas informações disponíveis no processo de recrutamento, ou seja, a variável resposta será a *performance* (BP ou MP).

Vamos supor que 20% dos colaboradores com MP deixaram em branco o campo *anos de experiência* ao preencher a ficha do processo de recrutamento. Em contrapartida, apenas 3% dos colaboradores com BP deixaram em branco. Notamos que há uma diferença significativa (17%) entre a quantidade de dados omissos nas duas categorias. Concluímos que a ocorrência dos dados omissos parece estar relacionada com as performances dos colaboradores. Diremos que a ocorrência é *não aleatória*.[1]

Por outro lado, admitamos que 5% dos MP deixaram o estado civil em branco enquanto apenas 4% dos BP o fizeram. Nesse caso, a pequena diferença leva a crer que não há relação entre o fato de deixar o estado civil em branco e a performance do colaborador. Diremos que os dados omissos ocorrem de forma *aleatória*.

No caso de ocorrência *não aleatória*, o fato de ter deixado o campo em branco pode ser uma informação interessante ao tentar prever a performance de um futuro colaborador. Não devemos eliminar os dados em branco quando a ocorrência for *não aleatória*. Pelo contrário, devemos substituir o campo em branco por um código que informe que o dado foi originalmente deixado em branco. Podemos digitar, por exemplo, o código MV (*missing value*) no lugar da categoria qualitativa faltante ou um código numérico (por exemplo, *anos de experiência* = - 999) no campo em branco de uma variável quantitativa.

4.3.2 COMO TRATAR OS DADOS OMISSOS COM OCORRÊNCIA ALEATÓRIA?

Não há uma forma única ou ideal para tratar os dados em branco. Todas trazem alguma forma de risco ao estudo. Devemos ter em mente que a solução adotada deve levar em consideração o contexto do problema que estamos analisando.

- *Remoção dos indivíduos.* Essa solução é aceitável quando temos um número muito pequeno de indivíduos com dados omissos em relação ao tamanho da base de dados. Caso contrário, ao considerar apenas indivíduos com informações completas, estamos criando um viés na amostra, pois ela será baseada apenas em indivíduos que completam todas as informações, o que não é representativo da população.
- Substituição dos indivíduos com dados omissos por outros indivíduos com todas as informações disponíveis. Essa solução nem sempre é viável e apresenta o mesmo viés explicado no parágrafo anterior.

1 Para verificar se a diferença é significante do ponto de vista estatístico, deveríamos recorrer a cálculos que fogem do escopo deste capítulo. Vamos confiar na sensibilidade do analista para interpretar a diferença como significativa ou não.

- Exclusão de uma variável que apresenta muitos dados em branco. Se uma variável apresentar um grande número de dados em branco, por exemplo, 10% ou mais, é aconselhável não a utilizar no desenvolvimento do modelo.[2]
- Imputação de valores "lógicos" no lugar dos dados faltantes. Essa solução, adotada com frequência, deve ser considerada com muito cuidado, pois não só o conceito de "lógico" é subjetivo como estaremos "influindo" nos dados a serem utilizados pelos modelos.
  - ▷ No caso de variáveis quantitativas, costuma-se substituir o valor faltante pela média aritmética ou pela mediana (sem dúvida, é melhor que a média!). O ideal, caso se deseje adotar tal solução, será considerar a mediana de indivíduos "similares" ao que deixou o dado em branco. Por exemplo, se o salário de um colaborador estiver em branco, devemos utilizar o salário mediano apenas dos indivíduos com o mesmo cargo e tempo de casa. O problema surge ao definir quantos indivíduos "similares" considerar e, mais difícil ainda, definir o que são indivíduos "similares".
  - ▷ No caso de variáveis qualitativas, substitui-se o dado faltante pela categoria mais frequente da variável, denominada *moda* em estatística, dos indivíduos similares. Por exemplo, se a maioria destes últimos forem casados, o dado em branco é substituído por casado. Essa ação apresenta o mesmo problema de similaridade explicado no parágrafo anterior.
- Os softwares mais avançados possuem funções para substituir os dados faltantes com base em técnicas estatísticas mais avançadas. No entanto, nem sempre esses recursos funcionam adequadamente.

No caso da Metalúrgica Schleper, temos poucos dados omissos. Nossa sugestão é removê-los, o que não causará grande prejuízo para o estudo. Deixamos como exercício para o leitor a substituição dos dados omissos por casos similares.

4.4 GERAÇÃO DE NOVAS VARIÁVEIS

4.4.1 TRANSFORMAÇÃO DE VARIÁVEIS QUANTITATIVAS

Ao desenvolver modelos de PA, pode ser interessante combinar diferentes variáveis disponíveis. Por exemplo, ao desenvolver um modelo para prever o desligamento de colaboradores, duas variáveis normalmente utilizadas são *salário* e *número de dependentes*. Uma nova variável que pode ser muito útil para melhorar o poder de previsão do modelo é a razão *salário/número de dependentes*.

---

2 No entanto, não devemos remover a coluna com essa variável. Eventualmente, poderemos necessitar dela, após tratar os muitos dados omissos, para a melhoria do modelo.

4.4.2 TRANSFORMAÇÃO DE VARIÁVEIS QUALITATIVAS

Ao lidar com variáveis qualitativas em um modelo, o problema é mais complexo. Devemos transformá-las em "números" para poder inseri-las em equações. Apresentamos duas formas básicas para efetuar essa transformação:

- A primeira, de eficiência discutível na maioria dos casos, é a imputação de valores atribuídos subjetivamente a cada categoria. Por exemplo, no caso da variável grau de instrução, o analista pode atribuir, de acordo com suas crenças em relação à importância de cada categoria para o problema em estudo, os valores: 1 para ensino fundamental, 3 para ensino médio e 7 para curso superior. O grande problema é que esses valores dependem das "crenças" do analista, decorrentes de experiências pessoais e que podem se alterar devido a novas circunstâncias.
- A segunda, mais usual, mas não necessariamente melhor, é a criação de *variáveis binárias* (ou *variáveis indicadoras* ou, em inglês, *dummy variables).* É uma metodologia para codificar variáveis qualitativas em números que poderão ser utilizados posteriormente em cálculos matemáticos. Vamos detalhar esse procedimento.

Consideremos, por exemplo, a variável *nacionalidade*, com duas categorias – brasileira ou estrangeira. Vamos criar uma variável binária, que denotaremos *nac_est*[3] como especificado na Tabela 4.2.

Tabela 4.2 Variável binária para *nacionalidade*

Variável original: *nacionalidade*	**Variável binária:** *nac_est*
brasileira	0
estrangeira	1

Atribuímos o valor 0 à categoria *brasileira* e 1, para *estrangeira*. Em vez de *nac_est*, poderíamos ter criado a variável *nac_bras*, atribuindo o valor 1 à categoria brasileira e 0, à estrangeira. Para o desenvolvimento de modelos, é indiferente quem será 0 ou 1. Em geral, os softwares atribuem 0 à categoria cujo nome é o primeiro em ordem alfabética. Nesse caso, como temos apenas duas categorias, necessitamos apenas de uma variável binária para diferenciá-las. A categoria correspondente ao valor 0 é denominada *categoria referência*. Ao desenvolver um modelo, substituímos na planilha de dados a variável qualitativa (*nacionalidade*, no exemplo) pela variável binária *nac_est*, numérica.

Consideremos agora a variável *estado civil* com as categorias solteiro, casado, divorciado, viúvo e outros. Como temos cinco categorias, precisaremos criar quatro variáveis binárias, conforme ilustra a Tabela 4.3. A escolha da categoria *solteiro* como referência é arbitrária.

---

3 Nome definido arbitrariamente.

Tabela 4.3 Variáveis binárias para *estado civil*

estado civil	*ec_casado*	*ec_divorciado*	*ec_viuvo*	*ec_outros*
solteiro	0	0	0	0
casado	1	0	0	0
divorciado	0	1	0	0
viuvo	0	0	1	0
outros	0	0	0	1

Nesse caso, temos quadro variáveis binárias. Ao desenvolver o modelo, a coluna de *estado civil* na planilha de dados será substituída pelas quatro colunas correspondentes: *ec_casado, ec_divorciado, ec_viuvo* e *ec_outros.* Reiteramos que a escolha da categoria de referência é arbitrária e não afeta em nada o desempenho do modelo.

Em geral, quando necessário, os softwares fazem essas transformações de forma automática. Uma variável qualitativa com k categorias dá origem a k - 1 variáveis binárias. O jamovi considera como categoria de referência a primeira categoria em ordem alfabética. Por exemplo, no caso de *estado civil*, a categoria de referência será *casado.*

Em nosso exemplo, na planilha RLM_SCHLEPER (Tabela 4.1), a variável *local* apresenta três categorias (fábrica A, fábrica B e fábrica C). Devemos gerar duas variáveis binárias, como mostra a Tabela 4.4.

Tabela 4.4 Variáveis binárias para *local*

local	**local_B**	**local_C**
fábrica A	0	0
fábrica B	1	0
fábrica C	0	1

4.5 EXERCÍCIOS

4.1. Considere a planilha KLASS_PERFORM_FE (versão modificada da planilha KLASS_PERFORM) que contém dados dos colaboradores de uma grande empresa. Eles foram avaliados um ano após sua contratação e classificados em quatro categorias de acordo com suas performances. O objetivo dos analistas de RH é analisar as diferenças entre os quatro grupos em relação às informações obtidas no processo de contratação.

Tabela 4.5 Variáveis do arquivo KLASS_PERFORM_FE

Variável	Descrição
ID	Identificação do colaborador
depto	Departamento ao qual foi alocado na data de contratação
educacao	Nível de instrução na data de contratação
sexo	Sexo
canal_recrut	Plataforma de recrutamento na data de contratação
dependentes	Número de dependentes na data de contratação
idade	Idade em anos completos na data de contratação
distancia	Distância do local de trabalho na data de contratação
cursos_especializacao	Fez cursos extracurriculares de especialização na data de contratação
performance (alvo)	Avaliação (1 – regular; 2 – boa; 3 – muito boa; 4 – excelente)

a) Analise cada variável individualmente e verifique a ocorrência ou não de dados omissos. Em cada caso, explique que ação corretiva tomaria.

b) Analise cada variável individualmente e verifique a ocorrência ou não de *outliers*. Construa histogramas, *box-plots* e analise valores extremos, no caso de variáveis quantitativas, ou as tabelas de frequências, no caso de variáveis qualitativas. Em cada caso, explique que ação corretiva tomaria.

c) Analise agora a relação entre cada variável e a variável alvo *Performance* – construindo os quatro *box-plots* (variável x *Performance*), no caso de variáveis quantitativas, ou as tabelas de dupla entrada, no caso de variáveis qualitativas (variável x *Performance*). Verifique a ocorrência de *outliers* e explique como procederia.

d) Analise agora a ocorrência de dados em branco em cada variável, utilizando as estatísticas fornecidas pelo jamovi, separadas por *Performance*. Verifique a ocorrência de dados omissos e opine se lhe parece aleatória ou não, considerando sua distribuição nos quatro grupos de *Performance*. Como procederia?

4.2. A empresa MABCALL é um call center com aproximadamente 15 mil atendentes. Um dos problemas que preocupa o diretor de RH é o processo de recrutamento de novos atendentes. Boa parte dos atendentes contratados permanece pouco tempo na empresa, não compensando o investimento em seu treinamento. Em média, menos de seis meses. Alguns são dispensados pouco tempo depois da contratação devido ao baixo desempenho.

A empresa dispõe de uma base de dados de colaboradores contratados em passado recente, classificados como "bom", quando permaneceram na empresa por 12 meses completos ou mais, ou como "mau", quando permaneceram menos de 12 meses, quer por pedir afastamento, quer por serem demitidos por mau desempenho.

Selecionou-se aleatoriamente uma amostra de operadores contratados pela empresa para analisar a relação de cada variável preditora com a variável alvo e construir um modelo que permita classificar candidatos ao emprego de atendente como prováveis "bom" ou "mau". Os dados estão no arquivo KLASS_MABCALL_FE (versão modificada da planilha KLASS_MABCALL).

Tabela 4.6 Variáveis do arquivo KLASS_MABCALL_FE

Variável	Descrição
operador	Identidade do operador
idade	Idade na data de contratação (faixas etárias)
eciv	Estado civil na data de contratação
dep	Número de dependentes na data de contratação
tst	Nota no teste de recrutamento na data de contratação
esup	Possuía ensino superior completo na data de contratação
abandono	1: ficou menos de 12 meses ("mau"); 0: ficou mais de 12 meses na empresa ("bom")

a) Analise cada variável individualmente e verifique a ocorrência ou não de dados omissos. Em cada caso, explique que ação corretiva tomaria.

b) Analise cada variável individualmente e verifique a ocorrência ou não de *outliers*. Construa os histogramas, *box-plots* e analise valores extremos, no caso de variáveis quantitativas, ou as tabelas de frequências, no caso de variáveis qualitativas. Em cada caso, explique que ação corretiva tomaria.

c) Analise agora a relação entre cada variável e a variável alvo *abandono* – construindo os dois *box-plots* (variável x *abandono*), no caso de variáveis quantitativas, ou as tabelas de dupla entrada, no caso de variáveis qualitativas (variável x *abandono*).

Verifique a ocorrência de *outliers* e explique como procederia.

d) Analise agora a ocorrência de dados em branco em cada variável, utilizando as estatísticas fornecidas pelo jamovi, separadas por *abandono*. Verifique a ocorrência de dados omissos e opine se lhe parece aleatória ou não, considerando sua distribuição nos dois grupos de *abandono*. Como procederia?

CAPÍTULO 5
Técnicas de previsão

5.1 INTRODUÇÃO

O diretor de marketing de uma empresa de cosméticos deseja prever as vendas anuais de seus vendedores com base em dados coletados no processo de recrutamento e na data da contratação. Além de prever as vendas, o diretor deseja verificar se o teste da avaliação, a nota da entrevista do processo de recrutamento e outras características dos contratados (idade, experiência, sexo, estado civil) estão relacionados com os níveis de vendas. Para obter esses resultados, utilizaremos uma técnica de previsão denominada *regressão linear múltipla*.

Os dados disponíveis para atender essa necessidade encontram-se no arquivo RLM_SALES. A Tabela 5.1 apresenta um descritivo das variáveis.

Em modelos de regressão, a variável a ser prevista (em nosso exemplo, *vendas)* é denominada *variável resposta* (*variável alvo* ou *variável dependente*). As demais variáveis (exceto a variável *vendedor*) são denominadas *variáveis preditoras*. O primeiro passo ao construir um modelo sempre será a *análise das variáveis*, verificando a existência de *outliers*, de dados omissos e sua relação com a variável *resposta*. Em geral, em regressão, preferimos remover os *outliers*, pois podem comprometer a eficácia do modelo.

Tabela 5.1 Variáveis do arquivo RLM_SALES

Variável	Descrição
vendedor	Identificação do vendedor
teste	Nota no teste de avaliação do processo de recrutamento
entrev	Nota na entrevista do processo de recrutamento
idade	Idade do vendedor na data da contratação
exper	Experiência do vendedor na data da contratação
sexo	Sexo do vendedor
ecivil	Estado civil do vendedor na data de contratação
uf	Unidade da Federação onde atua o vendedor
vendas	Média das vendas nos primeiros doze meses após a contratação em G$

Antes de construir um modelo para efetuar as previsões, considerando simultaneamente todas as variáveis preditoras, vamos construir um modelo mais simples de previsão, considerando uma única variável preditora, a saber, *exper.* Com auxílio desse modelo de *regressão linear simples*, apresentaremos os principais conceitos necessários para o entendimento do modelo mais complexo.

5.2 REGRESSÃO LINEAR SIMPLES

Em regressão linear simples, prevemos uma variável resposta (*vendas*) a partir de uma única variável preditora (*exper*). O primeiro passo é a construção do gráfico de dispersão de *vendas vs. exper* para analisar como se relacionam essas variáveis. O gráfico, Figura 5.1, foi construído como explicado no Capítulo 3.

Observamos que à medida que *exper* aumenta, as *vendas* também aumentam. A relação entre as duas variáveis pode ser representada de forma simples por uma reta, ainda que nem todos os pontos caiam em cima dessa reta. Esta, denominada *reta de regressão linear de vendas sobre exper,* é uma representação da relação entre as duas variáveis. É um *modelo matemático* da relação.

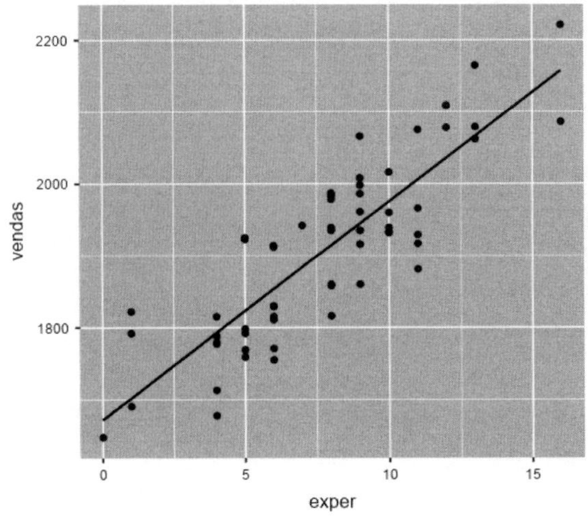

Figura 5.1 Diagrama de dispersão de *vendas vs. exper.*

Nosso objetivo para prever *vendas* a partir de *exper* é achar a equação da reta que melhor se ajusta aos pontos.[1] A equação dessa reta é *vendas* = $a + b \times exper$. O software permitirá estimar os valores dos *parâmetros* "a" e "b"; vamos obtê-los passo a passo.

- Selecionamos Análises/Regressão/Regressão Linear.

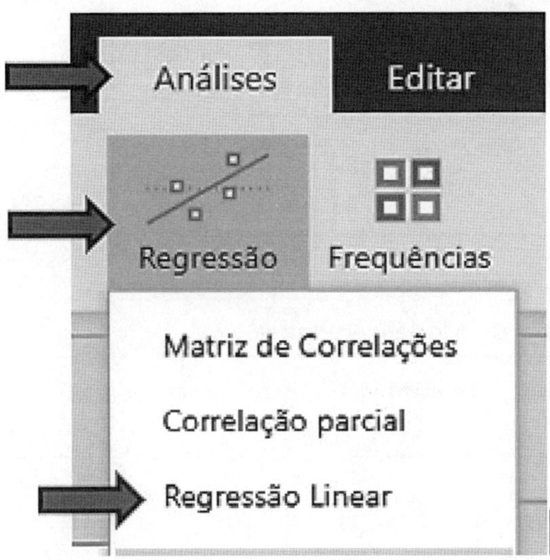

Figura 5.2 Selecionando a função Regressão Linear.

1 Para estimar esses parâmetros, os estatísticos utilizam o método dos mínimos quadrados. A ideia é determinar a reta tal que a soma das distâncias dos pontos à reta seja mínima.

- Obtemos a caixa de diálogo seguinte, onde selecionamos na janela Variável dependente "*vendas*" (que desejamos prever) e, na janela Covariáveis, a variável preditora "*exper*".

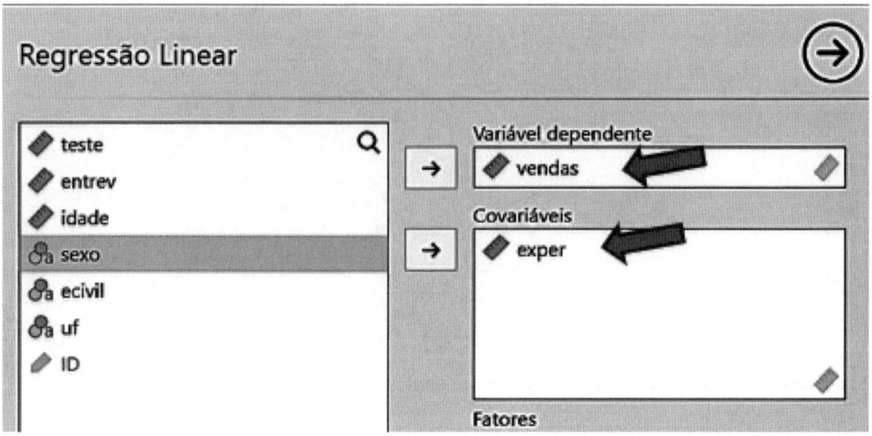

Figura 5.3 Caixa de diálogo para Regressão Linear.

- O jamovi fornece a saída seguinte:

Medidas de Ajustamento do Modelo

Modelo	R	R^2
1	0.85	0.73

Coeficientes do Modelo – vendas

Preditor	Estimativas	Erro-padrão	t	p
Intercepto	1671.16	20.80	80.33	< .0001
exper	30.41	2.46	12.36	< .0001

Figura 5.4 Resultados da Regressão Linear.

Vamos analisar e interpretar os valores, iniciando com a parte de baixo da figura. Posteriormente explicaremos o significado de R^2.

5.2.1 A EQUAÇÃO DE REGRESSÃO E AS PREVISÕES

Inicialmente, escrevemos a equação de regressão, considerando as estimativas na parte inferior da Figura 5.4.

$$vendas' = 1671{,}16 + 30{,}40 \times exper$$

Note-se que, no termo esquerdo da equação, utilizamos a notação *vendas'* (com o sinal ') em vez de *vendas* (sem o sinal) como fizemos até agora. O objetivo é diferenciar o valor a ser previsto pela equação (*vendas'*) do valor real (*vendas*, observado na amostra).

Como utilizar essa equação para fazer previsões? Por exemplo, se um vendedor tem 10 anos de experiência (*exper* = 10), então, a previsão de vendas será:

$$vendas' = 1671{,}16 + 30{,}40 \times 10 = 1975{,}16$$

Esse valor significa que vendedores com 10 anos de experiência venderão, *em média*, G$1.975,16. Dizemos *em média*, pois distintos vendedores com *exper* = 10 apresentam diferentes valores de vendas. Isso se deve ao fato de haver, além de *exper*, outros fatores que influem no valor das vendas.

O valor 1671,16 é denominado intercepto. Em geral, não tem interpretação dentro do contexto do problema. O valor 30,40 é denominado *coeficiente angular* ou, simplesmente, *peso* de *exper*. Sua interpretação é importante. Representa a taxa de variação de *vendas* por ano de experiência. Por exemplo, se um vendedor A tem dois anos a mais de experiência que B, a previsão das vendas para A será 2 × 30,4 = 60,8, superior à de B.

Riscos ao fazer previsões

- Ao obter o modelo de previsão, consideramos uma amostra cujos vendedores tinham de 0 a 16 anos de experiência. Nessa faixa, representar a relação entre *vendas* e *exper* por uma reta pareceu-nos adequado. Devemos ter muito cuidado ao prever as vendas de indivíduos com mais de 16 anos de experiência, pois não sabemos se fora da faixa de estudo o modelo linear continua válido. Em outras palavras, *extrapolar*, ao fazer previsões com um modelo de regressão linear simples, pode conduzir a resultados equivocados.
- Além disso, ao obter o modelo de regressão, utilizamos uma amostra com dados coletados anteriormente (imagem do *passado*). Se, no *futuro*, por exemplo, devido a uma mudança no cenário econômico do país, o mercado se comportar de forma diferente ao do período em que os dados foram coletados, o modelo que representa a relação entre *vendas* e *exper* pode não ser mais válido.

5.2.2 ANÁLISE DA CAPACIDADE DE PREVISÃO

Para verificar a qualidade das previsões obtidas com esse modelo, vamos efetuar os passos seguintes:

- Aplicamos a equação para cada vendedor da amostra, considerando o valor de sua experiência em anos, obter a correspondente previsão das vendas. O jamovi faz isso automaticamente.
- Calculamos a diferença entre o *valor observado* (que é o valor real) de *vendas* de cada vendedor e o respectivo valor previsto. Essa diferença recebe o nome de *resíduo* (ou *erro*). O jamovi também faz isso automaticamente.

resíduo = valor observado – valor previsto

- Calculamos o erro percentual (EP) para avaliar a magnitude do resíduo em relação ao valor observado (erro relativo).
- Analisamos a variação dos erros percentuais EP

Para realizar essa análise com o jamovi, na caixa de diálogo Gravar da regressão linear, pedimos que sejam salvos os valores previstos e os resíduos.

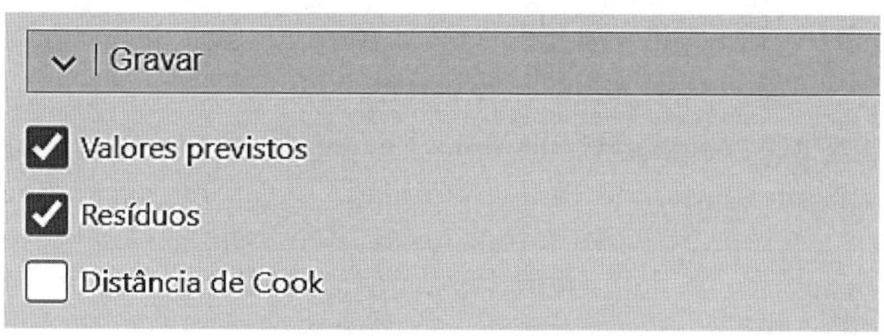

Figura 5.5 Gravando previsões e resíduos.

Após solicitar essas gravações, observamos que, na planilha de dados, aparecem duas novas colunas (na Figura 5.6, apresentamos parte das colunas da planilha).

exper	sexo	ecivil	uf	vendas	Valores previstos	Resíduos
16	fem	SOLTEIRO	RJ	2221	2157.639	63.361
5	fem	CASADO	SP	1923	1823.183	99.817
8	fem	SOLTEIRO	RJ	1939	1914.398	24.602
12	fem	CASADO	RJ	2078	2036.018	41.982
6	fem	SOLTEIRO	SP	1912	1853.588	58.412
10	masc	SOLTEIRO	RJ	1933	1975.208	-42.208

Figura 5.6 Tabela de dados com valores previstos e resíduos.

O valor observado de *vendas* do primeiro vendedor é igual a 2.221. O valor previsto *vendas'* calculado pelo software é 1671,16 + 30,40 × 16 = 2157,56.[2] O resíduo é igual a 2221 – 2157,64 = 63,36. Calculando o erro percentual para essa observação, obteremos:

$$EP = \frac{63{,}36}{2221} \times 100 = 2{,}85\%$$

Para calcular o EP com o jamovi, procedemos como segue:

- Clicamos duas vezes no cabeçalho da coluna em branco, à direita da coluna de resíduos.
- Na parte superior da planilha aparecem três opções. Selecionamos NOVA VARIÁVEL CALCULADA clicando sobre ela:

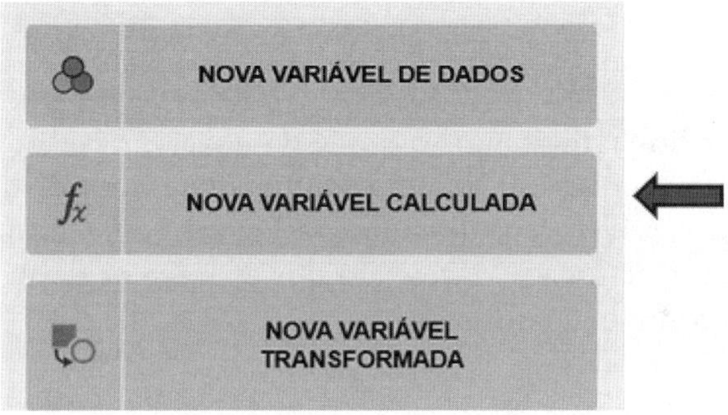

Figura 5.7 Seleção da opção de cálculo.

- Abre-se a caixa de cálculo apresentada na Figura 5.8:

2 Como os valores 1671,16 e 30,40 resultaram de arredondamento, o valor por nós calculado (2157,56) e o calculado pelo software (2127,64) diferem ligeiramente.

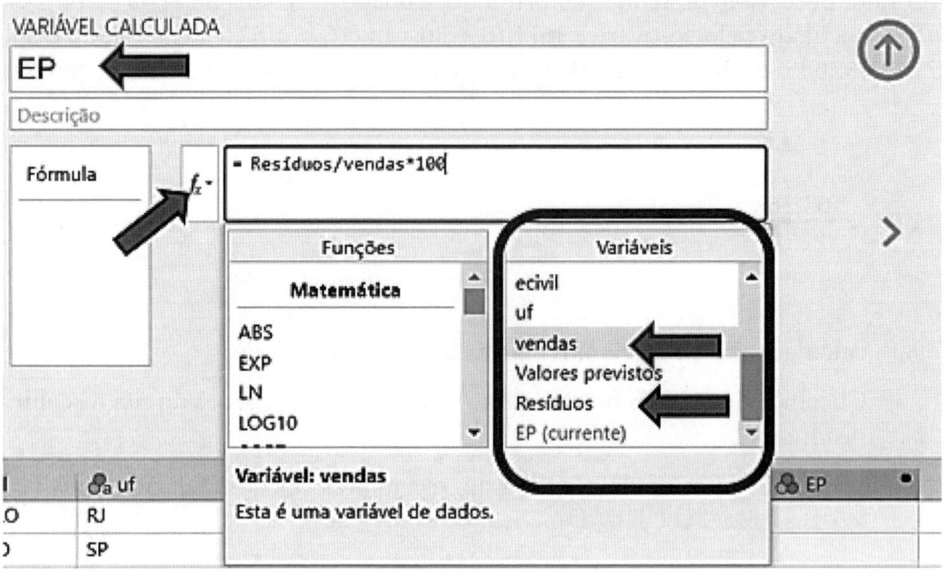

Figura 5.8 Cálculo de EP.

- Na primeira linha, digitamos o nome da nova variável (EP). Clicando no f_x, que aparece na terceira linha, abre-se uma nova caixa de diálogo que contém o nome das variáveis (em destaque na Figura 5.8). Clicamos duas vezes em cima do nome de uma variável para que apareça na caixa de cálculo ao lado do f_x. Após completar a fórmula:

  Resíduos/vendas × 100

- Clicamos a tecla Enter para efetuar os cálculos.

Vamos analisar os EP obtidos com auxílio de medidas descritivas e um diagrama de dispersão.

Estatística Descritiva

	N	Omisso	Média	Mediana	Desvio-padrão	Mínimo	Máximo
EP	59	0	-0.11	-0.68	3.40	-6.90	6.61

Figura 5.9a Estatísticas do EP.

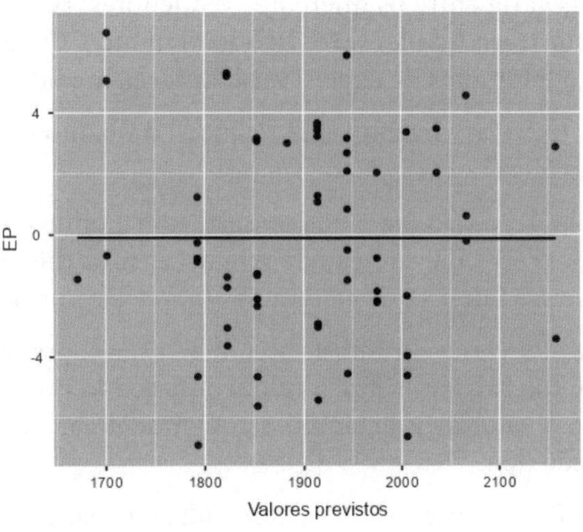

Figura 5.9b Distribuição dos EP.

No gráfico, os EP se distribuem aleatoriamente em torno da linha tracejada (EP = 0). Se os EP se distribuírem apresentando um padrão não aleatório, o analista deverá tentar identificar por que isso ocorre. Nem sempre uma tarefa fácil, que foge do escopo deste texto introdutório.

Os EP variam entre −6,9% e 6,6%. Considerando que só levamos em conta os anos de experiência ao prever as vendas, esses erros podem ser considerados razoáveis. EP muito grandes significam que a variável preditora não é suficiente para prever a variável dependente e/ou que o modelo de regressão linear não é adequado. O que são EP "grandes" ou "pequenos" depende do contexto do problema e do objetivo a ser alcançado com as previsões.

5.2.3 O COEFICIENTE DE DETERMINAÇÃO R^2

Na Figura 5.4, parte superior, é fornecido o valor da medida R^2, denominada *coeficiente de determinação*. Repetimos na figura seguinte.

Medidas de Ajustamento do Modelo

Modelo	**R**	**R^2**
1	0.85	0.73

Figura 5.10 Medidas de ajuste do modelo.

O valor de *vendas* varia entre os diferentes vendedores. Isso se deve à variação de fatores que os caracterizam (idade, sexo, estado civil etc.). O quanto dessa variação pode ser atribuída ao fator anos de experiência (*exper*) é medido por R^2.

Em termos mais técnicos, dizemos que R^2 mede o quanto o modelo de regressão baseado em *exper* "explica" a variação de *vendas*.

Em nosso exemplo, $R^2 = 0{,}73$ (ou 73%), ou seja, com auxílio da regressão linear em *exper* podemos explicar 73% da variação de *vendas* entre os diferentes vendedores. Os 17% restantes se devem a fatores que afetam as *vendas* não considerados na regressão

Se a relação linear da variável resposta y com a variável preditora x fosse perfeita, ou seja, todos os pontos caíssem sobre a reta, conhecendo o valor de x, poderíamos determinar sem erro o valor de y, então, $R^2 = 1$. O modelo baseado na preditora x explica 100% da variação de y.

Quando a relação linear entre y e x for quase nula, ou seja, a equação da reta é praticamente horizontal (coeficiente de $x \sim 0$), então, $R^2 \sim 0$, ou seja, conhecer o valor de x em nada ajuda a diferenciar os valores de y. A Figura 5.11 ilustra as duas situações. No caso da regressão linear simples, a raiz quadrada de R^2 é o coeficiente de correlação linear entre as duas variáveis. Em nosso exemplo, a correlação entre *exper* e *vendas* será $r = 0{,}85$.

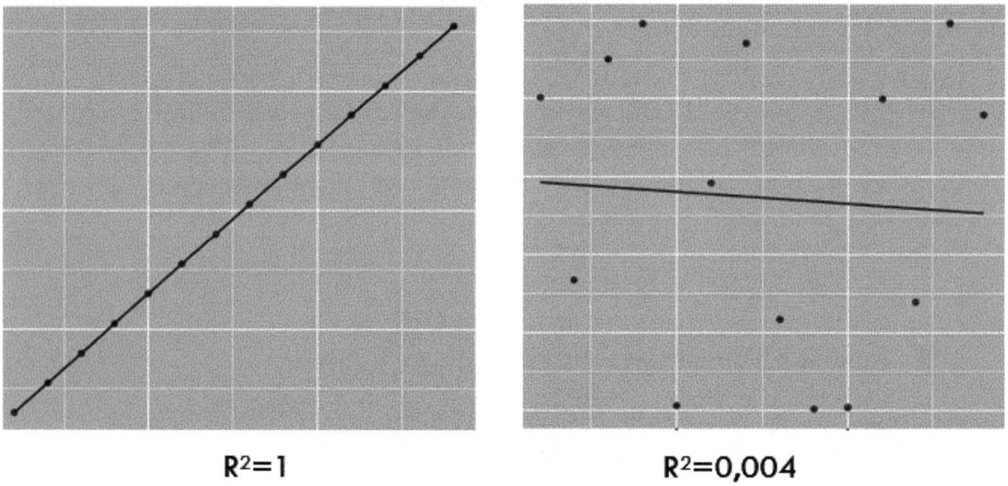

Figura 5.11 Comparação dos valores de R^2.

Costuma-se utilizar R^2 como uma medida de *qualidade do ajuste* da reta aos pontos. Quanto maior R^2, melhor o ajuste. Infelizmente, não existe um valor a partir do qual possamos dizer que R^2 é satisfatório. Depende do contexto do problema.

O valor de R^2 pode ser muito afetado pela presença de *outliers*. Por isso, só podemos utilizar R^2 como medida de qualidade do ajuste após analisar as variáveis e o gráfico de dispersão e remover os eventuais *outliers*.

5.3 REGRESSÃO LINEAR MÚLTIPLA

Vamos agora considerar, simultaneamente, os diferentes fatores que podem influenciar no valor das *vendas*. Vamos obter a equação de regressão de vendas em função das variáveis *teste, entrev, idade, exper, sexo, ecivil* e *uf* detalhadas na Tabela 5.1 e, por comodidade, repetida na Tabela 5.2.

Tabela 5.2 Variáveis do arquivo RLM_SALES

Variável	Descrição
vendedor	Identificação do vendedor
teste	Nota no teste de avaliação do processo de recrutamento
entrev	Nota na entrevista do processo de recrutamento
idade	Idade do vendedor na data da contratação
exper	Experiência do vendedor na data da contratação
sexo	Sexo do vendedor
ecivil	Estado civil do vendedor na data de contratação
uf	Unidade da Federação onde atua o vendedor
vendas	Média das vendas nos primeiros doze meses após a contratação em G$

Como vimos no Capítulo 4, as variáveis qualitativas *sexo, ecivil* e *uf* devem ser transformadas em variáveis binárias. O software jamovi cria automaticamente essas variáveis binárias, adotando como referência a primeira categoria em ordem alfabética, resultando as variáveis binárias descritas na Tabela 5.3.

Tabela 5.3 Variáveis binárias

Variável	Referência	Binárias
sexo	fem	sexo_masc
ecivil	cas	ecivil_sep, ecivil_solt
uf	MG	uf_RJ e uf_SP

Nosso objetivo será determinar os pesos b_0, b_1, b_2, ... b_9 da equação:

$$\text{Vendas'} = b_0 + b_1\,\textit{teste} + b_2\,\textit{entrev} + b_3\,\textit{idade} + b_4\,\textit{exper} + b_5\,\textit{sexo\_masc} + \\ + b_6\,\textit{ecivil\_sep} + b_7\,\textit{ecivil\_solt} + b_8\,\textit{uf\_RJ} + b_9\,\textit{uf\_SP}$$

onde vendas' representa a previsão de vendas.

Para obter esses pesos com o jamovi, procedemos como segue.

- Selecionamos Análises/Regressão/Regressão Linear:

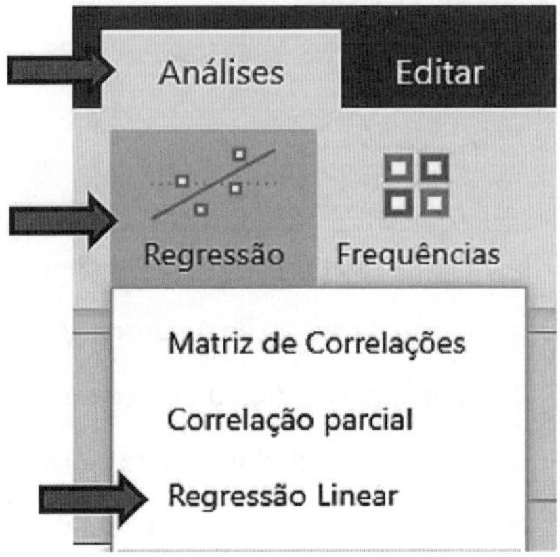

Figura 5.12 Selecionando a função Regressão Linear.

- Preenchemos os campos da caixa de diálogo com as variáveis correspondentes, separando as Covariáveis (variáveis quantitativas) e os Fatores (variáveis qualitativas).

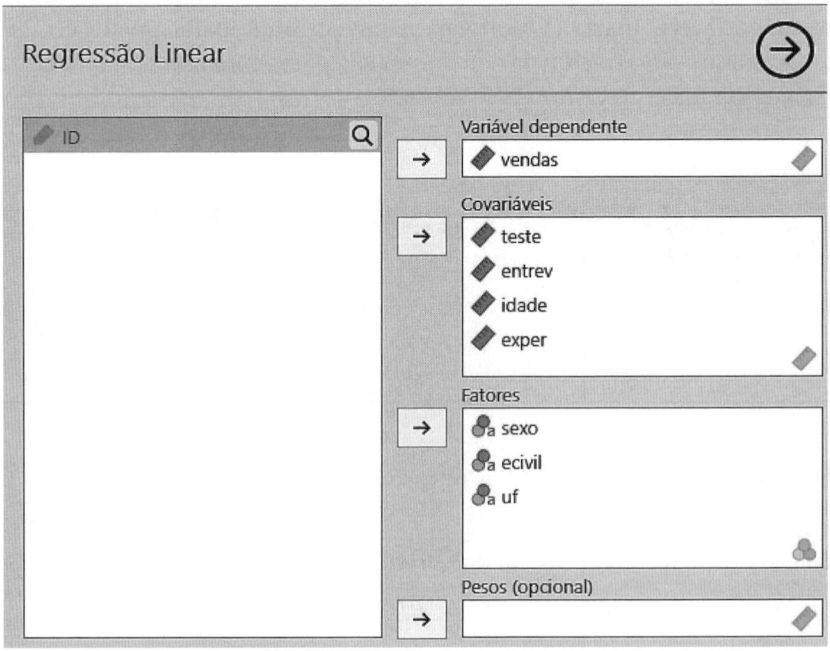

Figura 5.13 Caixa de diálogo para regressão linear.

- O jamovi fornece a saída seguinte, que analisaremos na Figura 5.14:[3]

Coeficientes do modelo – Vendas

Preditor	Estimativas	Erro-padrão	t	p
Intercepto	1558.84	48.03	32.46	< .0001
exper	22.09	2.71	8.15	< .0001
idade	0.31	1.00	0.31	0.7566
entrev	25.54	4.92	5.19	< .0001
teste	-0.10	0.08	-1.26	0.2132
uf:				
RJ – MG	80.19	23.50	3.41	0.0013
SP – MG	28.79	17.56	1.64	0.1075
ecivil:				
sep – cas	-13.89	15.90	-0.87	0.3865
solt – cas	-7.60	12.76	-0.60	0.5542
sexo:				
masc – fem	-41.04	11.34	-3.62	0.0007

Figura 5.14 Resultados fornecidos pelo jamovi.

5.3.1 A EQUAÇÃO DE REGRESSÃO E A SELEÇÃO DE VARIÁVEIS

A partir da coluna das estimativas fornecidas na Tabela 5.4 (Coeficientes do Modelo), podemos escrever a equação para a previsão de *vendas.*

$$\begin{aligned} \text{Vendas'} = {} & 1558{,}84 + 22{,}09\ \textit{exper} + 0{,}31\ \textit{idade} + 25{,}54\ \textit{entrev} - 0{,}10\ \textit{teste} + \\ & + 80{,}19\ \textit{uf\_RJ} + 28{,}79\ \textit{uf\_SP} - 13{,}89\ \textit{ecivil\_sep} - 7{,}60\ \textit{ecivil\_solt} - \\ & - 41{,}04\ \textit{sexo\_masc} \end{aligned}$$

Essa equação talvez possa ser simplificada sem comprometer a qualidade do modelo.[4] Devemos verificar se há variáveis que podem ser removidas do modelo sem

3 Da mesma forma que na regressão linear simples, a obtenção desses resultados se dá a partir do método dos mínimos quadrados, que não será detalhado neste livro.

4 O *princípio de parcimônia* é fundamental em modelagem: devemos obter os modelos mais simples possíveis sem comprometer sua qualidade.

comprometer sua qualidade, desde que mantidas as demais variáveis. Para identificá-las, utilizaremos os valores "p" na última coluna da Tabela 5.4. Esses valores são calculados por meio de fórmulas estatísticas e denominados *p-value* ou *p-valor*.[5]

Quando o p-valor de uma variável quantitativa é superior a 0,10 (alguns analistas adotam como critério 0,05), essa variável é candidata à remoção. Em nosso exemplo, *teste* e *idade* apresentam p-valores superiores a 0,10. No caso de variáveis qualitativas, para possível remoção, é necessário que os p-valores associados a *todas* as binárias correspondentes a essa variável sejam superiores a 0,10. No caso, apenas a variável *ecivil* é candidata a remoção.

Só podemos remover uma variável a cada passo. Começamos eliminando a variável à qual corresponde o maior p-valor. Em nosso exemplo, a variável *idade*. Basta excluir essa variável da caixa Covariáveis, como mostra a Figura 5.15a. Para isso, clique no nome da variável *idade* e o botão com a seta inverterá o sentido para que possa ser retirado da janela Covariáveis.

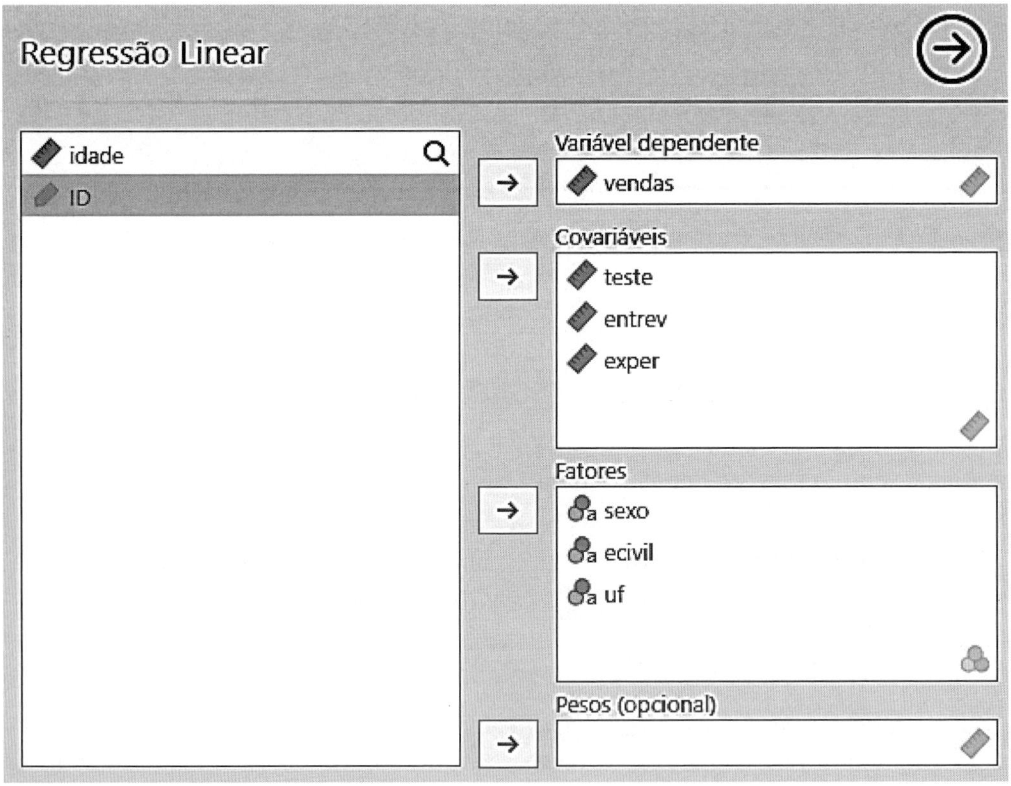

Figura 5.15a Remoção da variável *idade*.

5 A teoria por trás do p-valor foge do escopo deste livro.

Coeficientes do modelo – Vendas

Preditor	Estimativas	Erro-padrão	t	p
Intercepto	1565.24	43.03	36.38	< .0001
exper	22.33	2.57	8.68	< .0001
entrev	25.76	4.83	5.34	< .0001
teste	-0.09	0.07	-1.24	0.2224
uf:				
RJ – MG	79.87	23.26	3.43	0.0012
SP – MG	29.56	17.22	1.72	0.0923
ecivil:				
sep – cas	-15.37	15.03	-1.02	0.3114
solt – cas	-8.40	12.38	-0.68	0.5006
sexo:				
masc – fem	-40.30	11.00	-3.66	0.0006

Figura 5.15b Nova equação de regressão.

Note-se que houve uma pequena alteração nos valores das estimativas dos coeficientes das variáveis e dos p-valores. A próxima variável a ser removida é *ecivil.*

Coeficientes do modelo – Vendas

Preditor	Estimativas	Erro-padrão	t	p
Intercepto [a]	1556.58	41.63	37.39	< .0001
exper	22.11	2.52	8.77	< .0001
entrev	26.07	4.77	5.46	< .0001
teste	-0.10	0.07	-1.32	0.1943
uf:				
RJ – MG	84.17	22.63	3.72	0.0005
SP – MG	31.46	16.89	1.86	0.0681
sexo:				
masc – fem	-40.39	10.89	-3.71	0.0005

Figura 5.16 Regressão após remover a variável *ecivil.*

Finalmente, removemos a variável *teste*.

Coeficientes do modelo – Vendas

Preditor	Estimativas	Erro-padrão	t	p
Intercepto [a]	1529.55	36.46	41.96	< .0001
exper	21.77	2.53	8.62	< .0001
entrev	24.15	4.57	5.28	< .0001
uf:				
RJ – MG	83.68	22.78	3.67	0.0006
SP – MG	31.57	17.00	1.86	0.0689
sexo:				
masc – fem	-39.24	10.93	-3.59	0.0007

Figura 5.17 Regressão após remover a variável *teste*.

Como todos o p-valores são inferiores a 0,10, o processo de seleção de variáveis é finalizado. A equação final para prever as vendas será:

$$\text{Vendas'} = 1529{,}55 + 21{,}77\, exper + 24{,}15\, entrev + 83{,}68\, uf\_RJ + \\ + 31{,}57\, uf\_SP - 39{,}24\, sexo\_masc$$

O valor do coeficiente de determinação R^2 para a equação final é 0,91.

Medidas de ajustamento do modelo

Modelo	R	R^2
1	0.95	0.91

Figura 5.18 Coeficiente de determinação do modelo obtido.

É possível demonstrar que, ao remover variáveis, o valor de R^2 decresce ou permanece igual. Em nosso exemplo, considerando o arredondamento com duas casas, o valor de R^2 (0,91) não se alterou após a remoção das três variáveis.[6] Isso significa que mesmo com uma equação de regressão mais simples que a obtida em um primeiro passo, conseguimos explicar 91% da variação de *vendas*, o que é um ótimo resultado. R, raiz quadrada de R^2, no caso da regressão múltipla, é a correlação linear entre *vendas* e *vendas'*.

O fato de uma ou outra variável ser removida da equação não significa obrigatoriamente que essa variável não tenha relação com o valor de vendas. Pode ser que, mantidas as demais variáveis no modelo, a contribuição adicional dessa variável para a previsão de *vendas* não seja significante.

5.3.2 A INTERPRETAÇÃO DOS COEFICIENTES

A interpretação dos *coeficientes* das variáveis na equação difere entre as variáveis quantitativas (*entrev* e *exper*) e as variáveis binárias (*sexo_masc*, *uf_RJ* e *uf_SP*).

$$\text{Vendas'} = 1529{,}55 + 21{,}77\, exper + 24{,}15\, entrev + 83{,}68\, uf\_RJ + \\ + 31{,}57\, uf\_SP - 39{,}24\, sexo\_masc$$

O intercepto, $b_0 = 1529{,}55$, não tem interpretação no contexto do problema que estamos estudando. Exceto em problemas muito particulares, quando podemos assumir que todas as variáveis podem assumir simultaneamente o valor zero, o intercepto não deve ser interpretado.

No caso das variáveis quantitativas, o coeficiente indica o quanto se altera a previsão *vendas'* para um aumento unitário da preditora correspondente, desde que as demais variáveis da equação não se alterem. Por exemplo, quando a nota da *entrev* aumenta um ponto, mantendo fixos os valores das demais variáveis, *vendas'* aumenta G$ 24,15. No caso de *exper*, para cada ano a mais de experiência, *vendas'* aumenta G$ 21,77. O simples fato do coeficiente de *entrev* ser superior ao de *exper* não significa que a variável *entrev* é mais importante. Não podemos fazer essa comparação, pois são variáveis medidas em escalas diferentes.

No caso das variáveis binárias, a interpretação dos coeficientes leva em consideração a categoria de referência. Por exemplo, no caso da variável *sexo*, a categoria de referência é *sexo* = fem. Como o coeficiente de *sexo_masc* é - 39,24, negativo, significa que, mantidos constantes os valores das demais variáveis, a previsão para vendedores masculinos é G$ 39,24 inferior que para os vendedores do sexo feminino. No caso da variável *uf*, mantidas as demais variáveis constantes, vendedores do Rio de Janeiro (RJ) vendem em média G$ 83,68 a mais que os de Minas Gerais (MG) (categoria de referência). Os vendedores de São Paulo (SP) vendem em média G$ 31,57 a mais que os de MG.

---

6 Provavelmente se considerássemos mais casas decimais, perceberíamos uma redução muito pequena de R^2.

5.3.3 CÁLCULO DA PREVISÃO

Vamos admitir que um candidato a vendedor teve nota oito na entrevista de recrutamento, que nessa data ele tinha 10 anos de experiência, era solteiro, tinha 39 anos de idade e atuaria em SP. Sendo do sexo masculino, *sexo_masc* = 1; atuando em SP *uf_RJ* = 0 e *uf_SP* = 1. A previsão de vendas para esse candidato é:

$$\text{Vendas'} = 1529{,}55 + 21{,}77 \times 10 + 24{,}15 \times 8 + 83{,}68 \times 0 + 31{,}57 \times 1 - 39{,}24 \times 1$$

Consideremos, agora, uma candidata com nota nove na entrevista, com 5 anos de experiência de atuação em MG. A previsão de vendas será:

$$\text{Vendas'} = 1529{,}55 + 21{,}77 \times 5 + 24{,}15 \times 9 + 83{,}68 \times 0 + 31{,}57 \times \\ \times 0 - 39{,}24 \times 0 = 1855{,}70$$

Importante ressaltar que esse modelo de previsão é válido desde que respeitados os limites da amostra considerada. Por exemplo, a idade dos vendedores na amostra varia entre 29 e 53 anos. Previsões para candidatos com idades muito distantes dessa faixa não serão confiáveis. Da mesma forma, a amostra só considerou vendedores com atuação em MG, RJ e SP. Previsões para candidatos que atuarão em outras unidades da federação não devem ser utilizadas. Como já mencionamos, extrapolações em técnicas quantitativas de previsão sempre são arriscadas.

Além disso, é importante que os analistas de Recursos Humanos (RH) tenham em mente as condições econômicas e sociais do país na época em que os dados foram coletados. A entrada de um novo concorrente no mercado, a ocorrência de uma pandemia ou de um período de recessão podem invalidar as previsões a serem feitas no futuro. A validade de um modelo deve ser continuamente monitorada.

5.3.4 CÁLCULO DOS RESÍDUOS E IDENTIFICAÇÃO DE *OUTLIERS* DE REGRESSÃO

Ao analisar cada uma das variáveis preditoras e a variável resposta, pode ser que não detectemos a presença de *outliers*. No entanto, ao combinar as variáveis para obter o modelo de regressão, pode ocorrer que, para algumas observações, a combinação dos valores das variáveis seja discrepante.

Detectar essas incompatibilidades quando temos mais de duas variáveis envolvidas é praticamente impossível, mas a análise dos resíduos da regressão permite que detectemos alguns desses casos.

Por exemplo, consideremos o caso de um modelo com duas variáveis preditoras (*experiência, tempo de casa*) utilizadas para prever o *salário*. Ao analisar as três variáveis separadamente, não identificamos a presença de *outliers*. Mas pode ocorrer que o *salário* de um determinado colaborador não seja compatível para determinada combinação das variáveis preditoras: um colaborador com *experiência* = 2 e *tempo de casa* = 1, pode ter um salário compatível com o de um diretor, muito maior que o de seus pares com a mesma combinação de valores (*experiência* = 2 e *tempo de casa* = 1) dessas duas variáveis preditoras.

Na Seção 5.2.2, definimos o conceito de resíduo (valor observado – valor previsto) e vimos como eles são obtidos com o jamovi. Para detectar *outliers de regressão*, devemos calcular uma nova variável denominada *resíduo padronizado*, a qual denotaremos por *res_pad*. Os resíduos são divididos pelo seu desvio-padrão, a ser calculado pelo jamovi.

res_pad = *resíduo* / (desvio padrão dos resíduos)

Observações para as quais *res_pad* < –3,0 ou *res_pad* > 3,0 são consideradas *outliers de regressão*. Devemos investigar o porquê de sua ocorrência (o que nem sempre é tarefa simples) e remover essas observações. O correto é remover um *outlier* de cada vez e rodar novamente a regressão.

Podem ocorrer duas situações após remover um *outlier* de regressão e rodar o novo modelo:

- Outras observações que originalmente eram *outliers* da regressão deixam de sê-lo.
- Podem surgir novos *outliers*.

No segundo caso, se isso correr cada vez que rodamos o modelo sem os *outliers* anteriores, pode ser um sinal de que o modelo de regressão linear múltipla não é o mais adequado para representar a variação da resposta em função das variáveis preditoras utilizadas. Nesse caso, recorremos a outras técnicas mais avançadas de previsão.

Em nosso exemplo, após pedir ao jamovi para gravar os resíduos, seguimos os passos seguintes:

- Utilizando a função Estatística Descritiva, obteremos o desvio-padrão dos resíduos.

Estatística Descritiva

	N	Omisso	Média	Desvio-padrão
Resíduos	59	0	0.00	37.99

Figura 5.19 Desvio-padrão dos resíduos.

O valor obtido foi 37,99.

- Geramos a variável *res_pad*, dividindo os Resíduos por 37,99 (na realidade, 37.99, pois o jamovi separa as decimais com ponto).

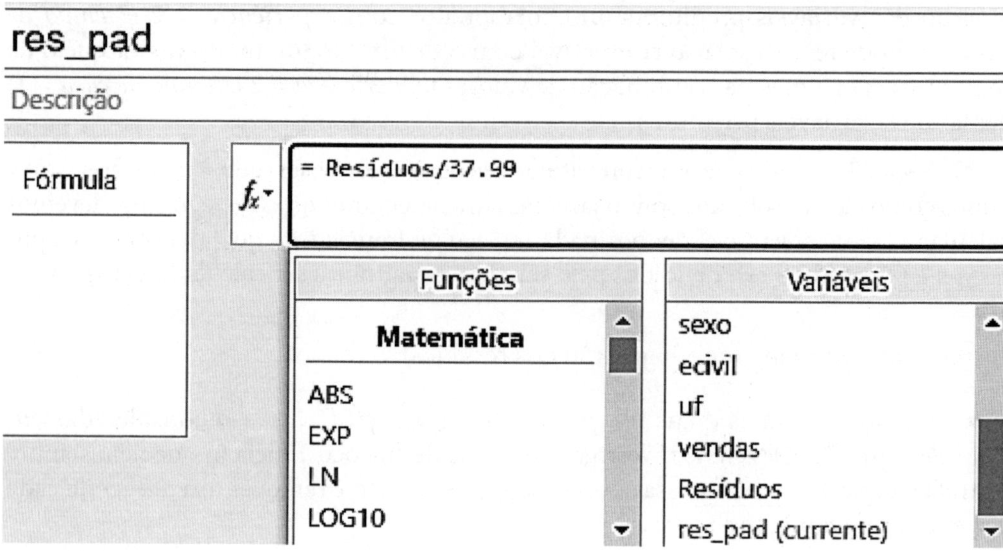

Figura 5.20 Desvio-padrão dos resíduos.

- Analisamos as estatísticas da variável *res_pad*.

Estatística Descritiva

	N	Omisso	Média	Mínimo	Máximo
res_pad	59	0	0.00	-1.84	2.26

Figura 5.21 Estatísticas da variável *res_pad.*

Observamos que os resíduos padronizados variam entre -1,84 e 2,26. Significa que não temos *outliers* de regressão.

5.3.5 CÁLCULO DOS RESÍDUOS E ANÁLISE DA CAPACIDADE DE PREVISÃO

O jamovi calcula as previsões de vendas para os vendedores da amostra. Essas previsões devem ser comparadas com os valores reais (valores observados) das vendas para avaliar o erro de previsão. Procedendo como na Seção 5.2.2, calculamos e analisamos os erros percentuais.

Estatística Descritiva

	N	Omisso	Média	Mínimo	Máximo
EP	59	0	-0.04	-3.61	4.47

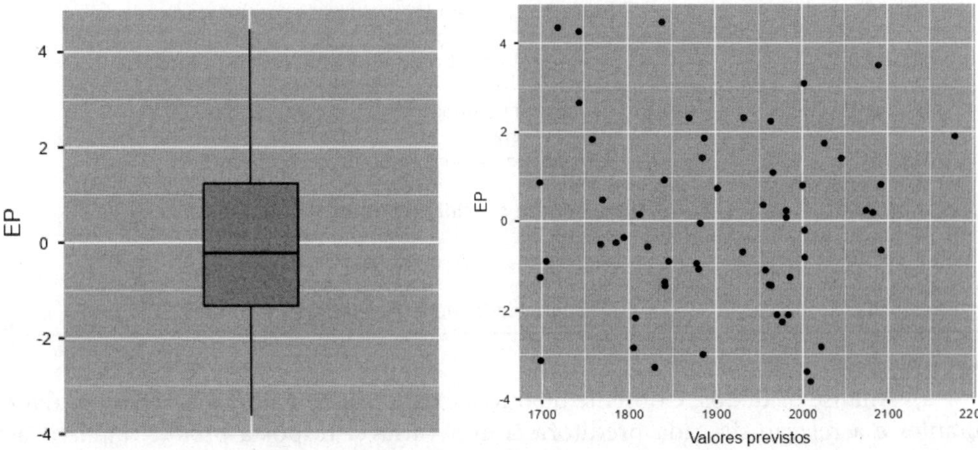

Figura 5.22 Estatísticas para o EP.

Os erros percentuais variam entre -3,61 e 4,47%, resultado que consideramos satisfatório dentro do contexto do problema. O *box-plot* não evidencia a presença de possíveis *outliers*. O gráfico de dispersão mostra que os EP se distribuem de forma aleatória. A utilização de variáveis adicionais (por exemplo, área de formação e grau de instrução) poderia, eventualmente, reduzir os erros percentuais.

5.4 EXERCÍCIOS

5.1. A Malharia Rags é uma grande empresa com fábricas em Diadema, Gramado e Macaíba. A diretoria de produção estabelece metas para seus colaboradores em termos de número de peças a produzir no mês. A produtividade é medida pela relação entre o número de peças produzidas e a meta estabelecida. Valores da produtividade são expressos em porcentagem. Os colaboradores consideram as metas razoáveis, sendo que cerca de 20% dos colaboradores chegam a superar o valor estabelecido.

O diretor da Rags deseja obter um modelo para prever a produtividade de seus colaboradores e, sobretudo, analisar os fatores que têm impacto na produtividade. Estas informações podem ser úteis para orientar o departamento de RH nos próximos processos de recrutamento.

Para construir esse modelo, o analista de RH selecionou uma amostra aleatória de 200 colaboradores e registrou as informações apresentadas na Tabela 5.4. Os dados encontram-se no arquivo RLM_RAGS.

Tabela 5.4 Variáveis do arquivo RLM_RAGS

Variável	Descrição
matric	Número de matrícula do colaborador
sexo	Sexo do colaborador
idade	Idade do colaborador na data de contratação
experiencia	Experiência do colaborador na data de contratação
fabrica	Fábrica na qual trabalha o colaborador
plataforma	Plataforma de recrutamento do colaborador
proximidade	Distância entre a residência do colaborador e a fábrica
aval_recrut	Nota de avaliação nos testes de recrutamento
produtividade	Produtividade média nos último três meses

a) Analise os dados. Comente quanto a existência de dados discrepantes, dados faltantes e a relação de cada preditora com a variável resposta *produtividade*. Caso encontre *outliers*, elimine-os. Respondas às questões seguintes:

i. As produtividades entre as fábricas diferem?

ii. A distância entre a fábrica e a residência do colaborador tem relação com a produtividade?

iii. E a nota de avaliação nos testes de recrutamento?

b) Obtenha um modelo de regressão linear múltipla para prever *produtividade* e remova as variáveis que não contribuem significativamente para a melhoria do modelo.

c) Verifique a presença de *outliers* de regressão. Em caso positivo, como irá proceder?

d) Qual o impacto de cada variável quantitativa na previsão de salário? (Compare o quanto aumenta a *produtividade* quando uma variável quantitativa aumenta uma unidade, mantendo os demais valores constantes). Comente os resultados.

e) Interprete os coeficientes das variáveis binárias correspondentes às variáveis qualitativas. Quais têm maior impacto em *produtividade*?

f) Analise a capacidade de previsão do modelo a partir dos erros percentuais. Analise o diagrama de dispersão entre os valores previstos e o EP. Os pontos se distribuem de forma aleatória?

5.2. Tix é uma empresa de recursos humanos dedicada exclusivamente às vagas de analistas de *data science*. O diretor da empresa solicitou ao estatístico da Tix que fizesse um levantamento para analisar os fatores que impactam nos salários dos empregados efetivados e para poder prever salários dos próximos clientes (os analistas de *data science*). Os dados disponíveis encontram-se no arquivo RLM_TIX80 e contêm as variáveis seguintes.

Tabela 5.5 Variáveis do arquivo RLM_TIX80

Variável	Descrição
cliente	Código do currículo do cliente (candidato ao emprego)
posgrad	Cliente tem pós-graduação?
porte	Porte da empresa contratante
setor	Setor da empresa contratante
idade	Idade do cliente
experiencia	Experiência do cliente
graduacao	Área de formação do cliente
sexo	Sexo do cliente
salario	Salário inicial do contratado

a) Analise os dados. Comente quanto à existência de dados discrepantes, dados faltantes e a relação de cada preditora com a variável resposta *salário*. Caso encontre *outliers*, elimine-os.

i. Os dados sugerem discriminação baseada em sexo?

ii. Os dados sugerem discriminação baseada em graduação?

iii. Qual a correlação entre experiência e salário?

b) Obtenha um modelo de regressão linear múltipla para prever *salario* e remova as variáveis que não contribuem significativamente para a melhoria do modelo.

c) Verifique a presença de *outliers* de regressão. Em caso positivo, como irá proceder?

d) Qual o impacto de cada variável quantitativa na previsão de salário? (Compare o quanto aumenta o *salário* quando uma variável quantitativa aumenta uma unidade, mantendo os demais valores constantes). Comente os resultados.

e) Interprete os coeficientes das variáveis binárias correspondentes às variáveis qualitativas. Quais têm maior impacto no salário?

f) Analise a capacidade de previsão do modelo a partir dos erros percentuais. Analise o diagrama de dispersão entre os valores previstos e o EP. Os pontos se distribuem de forma aleatória?

5.3. O analista de PA da Metalúrgica Drecky selecionou uma amostra aleatória de 150 clientes para analisar a métrica satisfação no emprego, relacionando-a com outros fatores que provavelmente impactem em seu valor. Os dados, levantados por uma empresa especializada, encontram-se no arquivo RLM_DRECKY150 e são descritos a seguir (Tabela 5.6). A identificação dos colaboradores da amostra foi mantida em sigilo.

Tabela 5.6 Variáveis do arquivo RLM_DRECKY150

Variável	Descrição
rel_ger	Como você avalia seu relacionamento com seu gerente? (1 a 5)
rel_col	Como você avalia seu relacionamento com seus colegas de trabalho? (1 a 5)
sal_comp	Como você avalia a compatibilidade do seu salário com seu trabalho? (1 a 5)
match	Quanto da sua experiência anterior você utiliza em seu trabalho? (1 a 5)
carga	Como você avalia sua carga de trabalho (baixa – normal – alta)
instru	Grau de escolaridade (curso completo)
area	Área de atuação
sat	Você está satisfeito com seu emprego? (1 – pouco;10 – muito)

a) Faça a análise univariada e bivariada dos dados. Comente quanto a existência de dados discrepantes, dados faltantes e a relação de cada preditora com a variável resposta *sat*. Caso encontre *outliers*, elimine-os.

b) Obtenha um modelo de regressão linear múltipla para prever *salario* e remova as variáveis que não contribuem significativamente para a melhoria do modelo.

i. Considerando as variáveis *rel_ger*, *rel_col*, *sal_comp* e *match*, medidas na mesma escala, qual parece ter maior impacto na satisfação no emprego?

ii. Mantidas as demais variáveis constantes, quem apresenta maior satisfação: colaboradores com secundário ou com superior completo?

c) Calcule a previsão de *sat* para os colaboradores da Tabela 5.7.

Tabela 5.7 Dados dos colaboradores AA e BB

Colaborador	Rel_ger	Rel_col	Sal_comp	Match	Carga	Instru	Área
AA	3	3	1	1	Alta	Secund	Produção
BB	5	4	5	4	Razoável	Superior	Produção

d) Analise a capacidade de previsão do modelo a partir dos erros percentuais. Analise o diagrama de dispersão entre os valores previstos e o EP. Os pontos se distribuem de forma aleatória?

e) Qual o coeficiente de determinação?

5.4. O arquivo RLM_ SCHLEPER325 apresenta as despesas a partir de uma amostra de colaboradores acidentados da área fabril em três fábricas da Metalúrgica Schleper no último ano. A empresa tem um total de 4.850 colaboradores; destes, 942 se acidentaram. A empresa tem um plano de saúde próprio. Com base nos dados disponíveis, pretende-se desenvolver um modelo para prever as despesas anuais com acidentes. As variáveis disponíveis são:

Tabela 5.8 Variáveis do arquivo RLM_SCHLEPER325

Variável	Descrição
funcionario	Matrícula do colaborador
idade	Idade do colaborador
sexo	Sexo do colaborador
IMC	Índice de Massa Corporal (IMC) do colaborador
dependentes	Número de dependentes do colaborador
fumante	Colaborador é fumante?
local	Fábrica na qual trabalha o colaborador
despesa	Despesa anual causada pelo(s) acidente(s) com o colaborador

a) Faça a análise univariada e bivariada dos dados. Comente quanto a existência de dados discrepantes, dados faltantes e a relação de cada preditora com a variável resposta *despesa*. Caso encontre *outliers* ou dados faltantes, elimine-os.

b) Obtenha um modelo de regressão linear múltipla para prever *despesa* e remova as variáveis que não contribuem significativamente para a melhoria do modelo.

c) Estime o total de despesas da empresa para o próximo ano, admitindo que o número de colaboradores e as condições de trabalho serão as mesmas.

d) Analise a capacidade de previsão do modelo a partir dos erros percentuais. Analise o diagrama de dispersão entre os valores previstos e o EP. Os pontos se distribuem de forma aleatória?

CAPÍTULO 6
Técnicas de classificação

6.1 INTRODUÇÃO

Para entender o objetivo da aplicação das técnicas de classificação, consideremos os exemplos seguintes na área de Recursos Humanos (RH):

- A rotatividade de operadores em call centers é muito grande. Isso é prejudicial para as empresas do setor, pois investem bastante na formação de seus quadros de colaboradores. O ideal seria contratar operadores que permaneçam na função, pelo menos, durante um período definido pela empresa, por exemplo, doze meses. Ao comparar dados históricos de operadores que permaneceram na empresa por doze meses ou mais (vamos denominá-los *operadores estáveis*) com os que ficaram menos que esse período (*operadores não estáveis*), podemos identificar as características que diferenciam os dois tipos e gerar um modelo que permita estimar se um candidato a operador tem alta probabilidade de permanecer ou não por doze meses ou mais na empresa. Apenas candidatos com alta probabilidade estimada de permanecer serão contratados.

- Vamos supor que uma grande rede varejista deseja aumentar sua força de vendas. São considerados como "*bons vendedores*" (BV) aqueles cujas vendas mensais nos últimos doze meses superaram, em média, um determinado valor definido pela direção. Caso contrário, são considerados "*maus vendedores*" (MV). Analisando as vendas dos vendedores que trabalham na empresa há pelo menos doze meses, podemos classificá-los nesses dois grupos (BV ou MV). Comparando o comportamento de diferentes fatores (variáveis) dos vendedores desses dois grupos na data de recrutamento (experiência, avaliação nos testes e entrevistas, idade, estado civil, número de dependentes etc.) é possível construir um modelo de classificação que permita estimar a probabilidade de que um candidato a vendedor se torne BV ou MV, caso contratado. Esse modelo será utilizado como suporte ao processo de recrutamento e auxiliará a identificar quais variáveis têm maior impacto na classificação.

- Um problema que preocupa as empresas é a perda de colaboradores com excelente performance, os chamados *talentos*. Dados históricos dos colaboradores, como avaliações de engajamento, produtividade, satisfação no emprego, relacionamento com colegas, aumentos e promoções, por exemplo, podem ajudar a diferenciar entre os talentos que pediram demissão e os demais talentos. Com base nesses dados, podemos elaborar um modelo para previsão de *attrition*. Aqueles talentos com probabilidade de *attrition* poderão receber um tratamento diferenciado para evitar sua demissão.

Esses exemplos têm um ponto em comum. Consideramos a classificação dos candidatos em apenas dois grupos: operadores estáveis e não estáveis, bons e maus vendedores, talentos que se demitem e os que permanecem na empresa. No entanto, as técnicas de classificação podem ser aplicadas quando há mais de dois grupos. Por exemplo, considerando a produtividade dos operadores de uma fábrica, podemos classificá-los em três categorias (alta, média ou baixa produtividade) e desenvolver um modelo que não só permita classificar novos colaboradores, como também identificar as características (variáveis) que têm maior impacto na diferenciação da produtividade.

Neste capítulo, vamos focar no problema de classificação quando há apenas dois grupos, utilizando uma técnica denominada regressão logística. Essa situação talvez seja a mais comum nas aplicações em RH. A classificação, quando há mais de dois grupos, apesar de contar com boas técnicas de *machine learning* e estatística, é mais complexa de operacionalizar.

6.2 DEFINIÇÃO OPERACIONAL DOS GRUPOS

Um dos problemas mais difíceis é a diferenciação clara dos dois grupos considerados para evitar qualquer tipo de ambiguidade.

Por exemplo, no caso de classificação de colaboradores em dois grupos – bom desempenho e mau desempenho nos últimos doze meses –, o critério que define bom desempenho pode variar de empresa para empresa, ou até dentro de uma mesma empresa, entre diferentes analistas de RH. Antes de começar um projeto de classificação, a caracterização dos dois grupos tem que ser definida precisamente.

A definição do critério para diferenciação dos grupos deve ser feita de forma cuidadosa, atendendo ao objetivo a que se destina o modelo de classificação. Se, no decorrer do tempo, esse critério for alterado, o modelo previamente desenvolvido provavelmente perderá sua eficácia, por menor que seja essa alteração. Quando o critério de diferenciação dos grupos é modificado, devemos desenvolver um novo modelo de classificação. Por exemplo, ao definir um *operador estável* em um call center, conforme explicado no início deste capítulo, utilizamos o prazo de doze meses. Se aumentarmos esse prazo para dezoito meses, por exemplo, o modelo anterior, elaborado para doze meses, não funcionará adequadamente.

6.3 POR QUE NECESSITAMOS DE UM MODELO MATEMÁTICO DE CLASSIFICAÇÃO

Consideremos, por exemplo, que desejamos classificar os vendedores de uma grande empresa de cosméticos em um de dois grupos, previamente definidos em função do percentual de metas atingidas: bons vendedores ("*bom*") e maus vendedores ("*mau*"). Vamos admitir que, apenas para ilustrar nosso exemplo, no processo de recrutamento de novos vendedores, serão considerados apenas o grau de instrução (ensinos fundamental e médio) e a faixa etária (25 anos ou menos, 26 a 40 anos, 41 anos ou mais). Uma grande amostra de vendedores que trabalham atualmente ou trabalharam na empresa permitiu construir a Tabela 6.1[1] que mostra as porcentagens de vendedores *bom* e *mau* para cada uma das combinações desses dois fatores. Cada combinação é denominada *perfil*.

Tabela 6.1 Distribuição de frequências dos clientes

Perfil		*Bom*	*Mau*
Instrução	**Faixa etária**	**%**	**%**
Fundamental	25 anos ou menos	40%	60%
Fundamental	26 a 40 anos	85%	15%
Fundamental	41 anos ou mais	92%	8%
Médio	25 anos ou menos	99%	1%
Médio	26 a 40 anos	67%	33%
Médio	41 anos ou mais	20%	80%

Com base nessa experiência, se um futuro candidato a vendedor tiver grau de instrução fundamental e 30 anos, a estimativa da probabilidade de que seja *bom* será igual a 85% e de que seja *mau* igual a 15%. Se tiver grau de instrução médio e 53 anos, a estimativa da probabilidade de que seja *bom* será igual a 20% e de que seja *mau* igual a 80%. Se a diretoria de vendas solicitar candidatos com 80% ou mais de probabilidade de serem *bom*, a contratação será apenas de candidatos com instrução fundamental e 26 anos ou mais ou grau de instrução médio com 25 anos ou menos. Modelo simples de recrutamento, porém, muito longe da realidade por considerar tão poucos fatores.

Nas aplicações em RH, a estimativa das probabilidades de ser *bom* ou *mau* com uma tabela desse tipo é inviável. O número de variáveis nas aplicações empresariais é

1 Dados fictícios.

grande, em geral, da ordem de dezenas. Isso significa que o número de possíveis combinações de variáveis seria da ordem de milhares. Em outras palavras, a tabela teria milhares de diferentes perfis (milhares de linhas).[2] E, por maior que seja o histórico da empresa, muitos desses perfis apresentarão frequência igual a zero ou muito baixa, a ponto de não podermos confiar nas porcentagens obtidas.

Uma das formas de lidar com esse problema de dimensionalidade, para estimar essas probabilidades, é recorrer a técnicas estatísticas ou de *machine learning*. Uma dessas técnicas estatísticas é a regressão logística, que será vista neste capítulo.

6.4 REGRESSÃO LOGÍSTICA – INTRODUÇÃO

A regressão logística é uma técnica estatística que permite classificar os indivíduos em um de dois grupos previamente definidos. A técnica permite estimar a probabilidade de pertencer a cada um dos dois grupos. Após calcular essas probabilidades, os gestores de RH definirão um *ponto de corte* para classificar os colaboradores em um dos dois grupos.

Para ilustrar sua utilização, vamos considerar o arquivo KLASS_MABCALL descrito no Capítulo 3. Nosso objetivo será desenvolver um modelo para dar suporte à área de recrutamento, identificando quais candidatos têm potencial de abandonar o emprego antes de completar doze meses na empresa. As variáveis utilizadas estão descritas na Tabela 6.2.

Tabela 6.2 Variáveis do arquivo KLASS_MABCALL

Variável	Descrição
operador	Identidade do operador
idade	Idade na data de contratação (anos completos)
eciv	Estado civil na data de contratação
dep	Número de dependentes na data de contratação
tst	Nota no teste de recrutamento na data de contratação
esup	Possuía ensino superior completo na data de contratação
abandono	Sim: ficou menos de doze meses na empresa; Não: ficou mais de doze meses na empresa

2 Pense em uma tabela que considera quatro categorias de estado civil, cinco faixas etárias, três graus de instrução, três faixas de experiência na área e dez áreas de formação (administração, engenharia, direito, medicina...), teríamos $4 \times 5 \times 3 \times 3 \times 10 = 1.800$ linhas na tabela. E este exemplo considerou apenas quatro fatores. Se adicionarmos apenas mais uma variável, o canal de recrutamento, com apenas três categorias, esse número salta para 5.400.

6.4.1 SELEÇÃO DA FUNÇÃO REGRESSÃO LOGÍSTICA NO JAMOVI

- Na seção de análises, selecionamos Regressão/Regressão Logística/2 Categorias – Binomial.

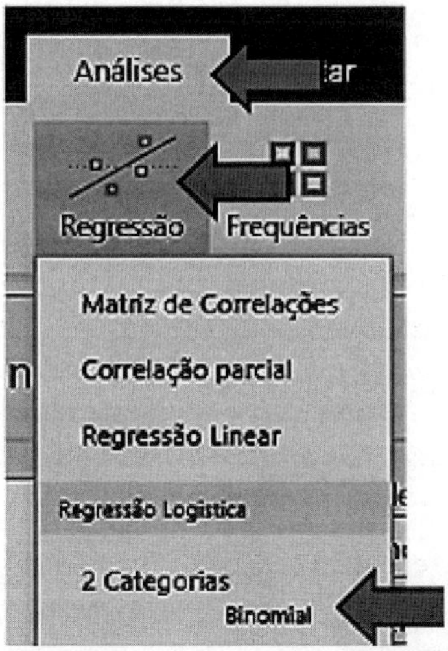

Figura 6.1 Selecionando regressão logística.

- Posteriormente selecionamos a *Variável dependente*, as preditoras quantitativas (Covariáveis) e as preditoras qualitativas (Fatores).

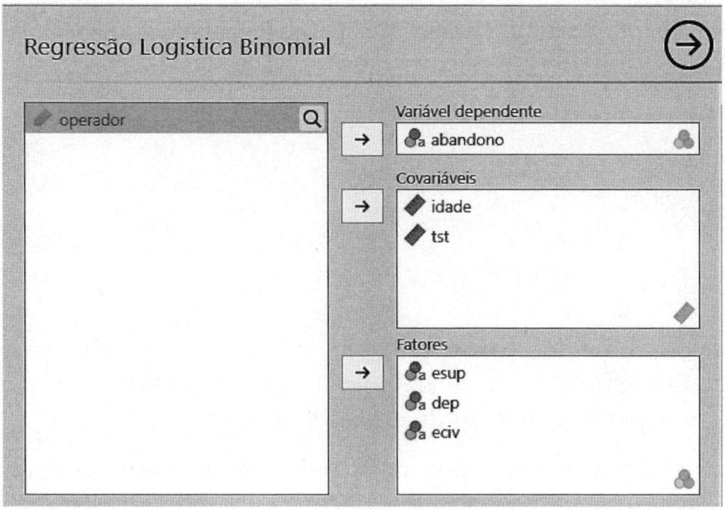

Figura 6.2 Indicação das variáveis.

6.4.2 SELEÇÃO DO EVENTO RESPOSTA

Devemos escolher uma das duas categorias da variável resposta *abandono* como *evento resposta*. A escolha é arbitrária, não afetando a classificação final, mas altera a interpretação da saída do software.

Costuma-se escolher o evento mais "crítico" como evento resposta. Em nosso exemplo, como a preocupação é com o abandono da empresa, escolheremos como evento resposta a categoria *abandono* = sim. Portanto, devemos indicar no jamovi, como *nível de referência* da variável qualitativa *abandono,* a categoria "não". Dessa forma, forçamos o software a fornecer a probabilidade de *abandono* = sim (psim). Resumindo, para nosso exemplo:

Evento resposta	Nível de referência	Jamovi fornece
Abandono = sim	*Abandono* = não	Psim (Probabilidade de *abandono* = sim)

Figura 6.3a Optando pelo evento resposta *abandono* = sim.

Se nossa opção fosse utilizar como evento resposta a categoria *abandono* = não, deveríamos escolher como nível de referência a categoria "sim" e a regressão logística forneceria a probabilidade de o indivíduo não abandonar o emprego (pnao).

Evento resposta	Nível de referência	Jamovi fornece
Abandono = não	*Abandono* = sim	Pnão (Probabilidade de *abandono* = não)

Figura 6.3b Optando pelo evento resposta *abandono* = não.

Observamos que:

psim = 1 – pnao

Ou seja, se um indivíduo tem 30% de chances de abandonar o emprego (psim = 0,30), terá 70% de chances de não abandonar (pnao = 0,70). Portanto, qualquer opção de evento resposta permite obter as duas probabilidades.

Para informar o jamovi sobre nossa opção de adotar como evento resposta *abandono* = sim, prosseguimos como segue:

- No menu de Níveis de Referência, definimos o nível de referência da variável resposta *abandono*. Escolhemos neste problema a categoria "não". As demais variáveis permanecem como estão.

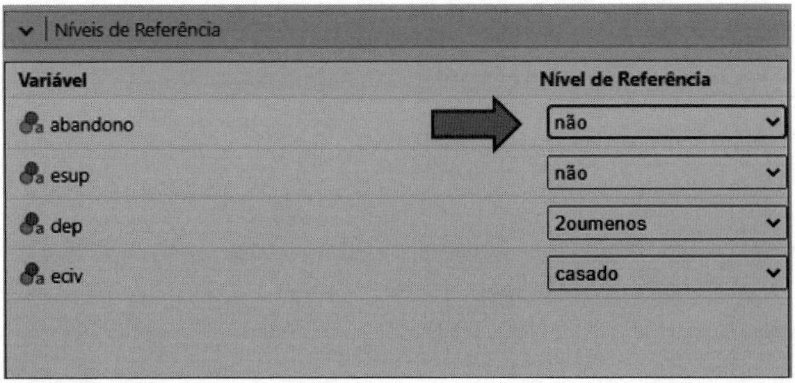

Figura 6.4 Selecionando a categoria de referência.

6.4.3 ANÁLISE DO RESULTADO PRELIMINAR E SELEÇÃO DAS VARIÁVEIS

Após indicar as variáveis e definir o nível de referência, o jamovi fornece a saída seguinte:

Coeficientes do modelo – Abandono

Preditor	Estimativas	Erro-padrão	Z	p
Intercepto	- 4.204	0.330	- 12.742	< .0001
idade	0.075	0.003	27.381	< .0001
tst	0.003	0.004	0.804	0.4214
esup:				
sim – não	0.549	0.065	8.516	< .0001
dep:				
3oumais – 2oumenos	- 0.621	0.061	- 10.211	< .0001
eciv:				
outros – casado	0.750	0.098	7.642	< .0001
solteiro – casado	0.151	0.079	1.914	0.0556

Nota: as estimativas representam o Log das Chances de "abandono = sim" *vs*. "abandono = não"

Figura 6.5a A função discriminante linear preliminar.

O jamovi fornece a *função discriminante linear*, similar à obtida com regressão linear múltipla.[3] Notamos que a variável *tst* corresponde a um p-valor maior que 0,10 e, portanto, podemos removê-la. Fazendo isso, obteremos a nova equação:

Coeficientes do modelo – Abandono

Preditor	Estimativas	Erro-padrão	Z	p
Intercepto	- 3.960	0.128	- 30.947	< .0001
idade	0.075	0.003	27.374	< .0001
esup:				
sim – não	0.550	0.065	8.529	< .0001
dep:				
3oumais – 2oumenos	- 0.623	0.061	- 10.239	< .0001
eciv:				
outros – casado	0.750	0.098	7.652	< .0001
solteiro – casado	0.152	0.079	1.929	0.0537

Nota: as estimativas representam o Log das Chances de "abandono = sim" *vs*. "abandono = não"

Figura 6.5b A função discriminante linear final.

Não tendo outras variáveis a remover (nenhuma com p-valor > 0,10), poderemos escrever a função discriminante linear, usualmente indicada pela letra Z, como segue:

$$Z = -3{,}960 + 0{,}075 \times idade + 0{,}550 \times esup(sim) - 0{,}623 \times dep(3oumais)$$
$$+ 0{,}750 \times eciv(outros) + 0{,}152 \times eciv(solteiro)$$

Note que no rodapé da tabela (Figuras 6.5a e 6.5b) fornecida pelo jamovi, aparece uma *Nota* que deve ser interpretada como "*o jamovi está fornecendo a probabilidade de abandono = sim*".

6.4.4 CÁLCULO DAS PROBABILIDADES DE *ABANDONO* = SIM (PSIM)

Utilizando a função Z descrita, podemos calcular a probabilidade de que um indivíduo abandone o emprego. Recordando, psim = probabilidade de *abandono* = sim.

Para obter essa probabilidade, devemos aplicar a fórmula:[4,5]

3 A diferença é a forma de estimação dos coeficientes das variáveis, que não será descrita neste livro.

4 Calma! É mais fácil do que parece.

5 EXP é a função que pode ser calculada com a função desse mesmo nome no Excel.

$$\text{psim} = \frac{1}{1 + \text{EXP}(-Z)}$$

Vamos exemplificar esse cálculo, adotando como exemplo um indivíduo com idade = 30, ensino superior completo *[esup(sim)* = 1]; 4 dependentes [*dep(3oumais)* = 1]; e estado civil casado [*eciv(outros)* = 0 e *eciv(solteiro)* = 0]. Aplicamos então a seguinte sequência:

– Calculamos o valor de Z:

$$Z = -3{,}960 + 0{,}075 \times 30 + 0{,}550 \times 1 - 0{,}623 \times 1 + 0{,}750 \times 0 + 0{,}152 \times 0 = -1{,}783$$

– Calculamos EXP(-Z) = EXP [-(-1,783)] = EXP(1,783) = 5,948

– Aplicamos a fórmula: psim = 1 / (1 + 5,948) = 1 / 6,948 = 0,144

Portanto, a probabilidade desse indivíduo abandonar o emprego antes de doze meses será igual a 0,144 ou, em outras palavras, tem 14,4% de chances de abandonar o emprego.

O jamovi calcula a probabilidade psim automaticamente para todos os indivíduos da amostra utilizada, ao selecionar a opção "Valores previstos" no menu Gravar.[6]

Figura 6.6 Cálculo das psim para os indivíduos da amostra.

A análise dos resíduos da regressão logística é complexa e foge do escopo deste livro.

6.4.5 CLASSIFICAÇÃO BASEADA NAS PROBABILIDADES

No início deste capítulo, explicamos que nosso objetivo é a classificação de um indivíduo em uma de duas categorias. Em nosso caso, *abandono* = sim ou *abandono* = não. Vamos ver como proceder utilizando a psim.

6 Os valores obtidos poderão diferir muito pouco do valor calculado, pois aqui arredondamos os coeficientes para três casas decimais.

Para começar, temos que definir um *ponto de corte* K. Se psim for maior que K, classificamos o colaborador como potencial *abandono* = sim, ou seja, um indivíduo com alto potencial de abandono do emprego. Caso contrário, se psim for menor ou igual a K, classificamos como *abandono* = não. Por exemplo, se K = 0,40, indivíduos com psim > 0,40 serão classificados como *abandono* = sim. Se psim ≤ 0,40, serão classificados como *abandono* = não.

Figura 6.7 Classificação baseada no ponto de corte K.

A definição do ponto de corte é feita pelos gestores de RH em função dos objetivos e das necessidades da empresa. Por exemplo, em um processo de recrutamento, a definição de K dependerá do risco que a empresa esteja disposta a correr.

Por exemplo, se o ponto de corte for K = 0,20, candidatos com psim > 0,20 serão classificados como potenciais *abandono = sim* e terão menores chances (ou nenhuma) de serem contratados. Seremos muito rigorosos, pois apenas candidatos com baixíssima probabilidade de abandono (psim ≤ 0,20) serão considerados para o cargo. Corremos o risco de rejeitar bons candidatos. Quanto menor o ponto de corte K, mais severos seremos.

Em contrapartida, se fixarmos um valor alto para K, por exemplo, K = 0,80, apenas candidatos com valores de psim > 80% não serão considerados bons candidatos. Um candidato com 70% de chances de abandonar a empresa (psim = 0,70) teria possibilidade de ser contratado, pois psim ≤ 0,80. Quanto maior o ponto de corte K, maior o risco de contratar maus candidatos.

É interessante classificar os candidatos em função de psim, do menor para o maior valor, e contratar apenas os que tiverem os menores valores de psim, de acordo com as necessidades para completar o quadro da empresa, tomando o devido cuidado de não contratar os funcionários com psim acima de K.

Independentemente do valor de K, ao classificar um candidato com base em *probabilidades*, sempre podemos cometer dois tipos de erros:[7]

- O primeiro seria classificar como *abandono* = sim um candidato que, caso fosse contratado, não abandonaria o emprego. Estaríamos perdendo um bom candidato.

7 Alta probabilidade não significa que o evento vai ocorrer. Da mesma forma, baixa probabilidade não significa que não vai ocorrer! Pense na *Mega-Sena*: a probabilidade de ganhar é mínima, o que não significa que não se possa ganhar.

- O segundo seria classificar como *abandono* = não um candidato que, caso fosse contratado, abandonaria o emprego. Estaríamos cometendo um erro ao contratá-lo.

A Figura 6.8 resume os dois tipos de erros.

	Classificação em função do K fixado	
Realidade ↓	*"abandono* = sim"	*"abandono* = não"
Abandono = sim	Classificação correta	Erro de classificação
Abandono = não	Erro de classificação	Classificação correta

Figura 6.8 Erros de classificação.

Ao reduzir um tipo de erro, automaticamente aumentaremos a chance de cometer outro tipo de erro. Para ilustrar essa importante afirmação, vamos imaginar o que ocorre com o sistema de aprovação em um curso:

- Se o professor quiser ser muito rigoroso e só aprovar alunos excepcionais, ele fixará a média para passar em K = 9! Alunos com nota maior que 9 *provavelmente* serão ótimos alunos. Mas o professor vai acabar reprovando injustamente bons alunos (com notas inferiores, muito próximas de 9).
- Se o professor baixar a nota de aprovação para K = 4, acabará aprovando um maior número de bons alunos, o que é justo, mas, em contrapartida, a chance de aprovar um mau aluno aumentará.

Erros de classificação irão ocorrer independentemente da técnica de classificação utilizada, seja a regressão logística aqui utilizada ou outras técnicas de *machine learning.* Resta avaliar se o modelo que estamos utilizando apresenta taxas de erro aceitáveis ou não.

Uma forma utilizada para definir o ponto de corte K é testar as porcentagens de erros de classificação para diferentes valores do ponto de corte, adotando o valor K que conduz a metas de erros aceitáveis pela empresa. A medição dos percentuais de erros de classificação será vista na seção seguinte.

6.4.6 MATRIZ DE CLASSIFICAÇÃO E TAXAS DE ERRO

Como vimos, sempre corremos o risco de erros de classificação. Para avaliar a *capacidade de classificação* de nosso modelo *para um dado valor de K,* vamos construir com o jamovi a *matriz de classificação,* avaliando os erros que serão cometidos ao classificar os indivíduos de nossa amostra. Anteriormente, na Seção 6.4.4, vimos como o jamovi grava psim para cada um desses indivíduos.

A título de exemplo, vamos admitir que a empresa só deseja contratar um indivíduo se psim < 0,30.

- Dentro da função Regressão Logística Binomial do jamovi, selecionamos a opção Previsão e definimos as saídas desejadas, conforme a Figura 6.9.

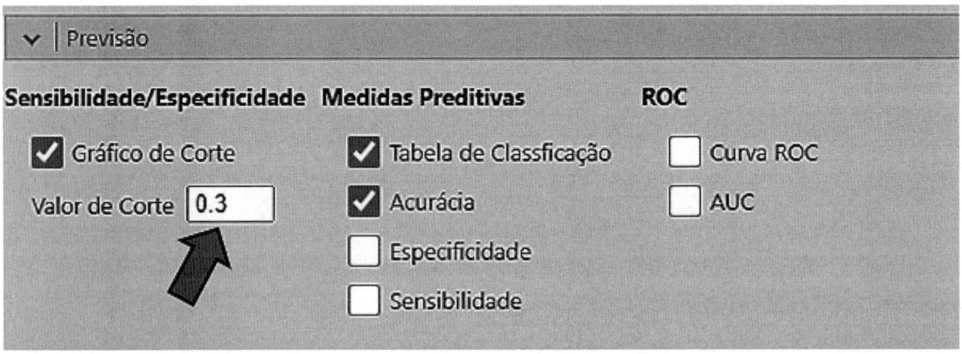

Figura 6.9 Estatísticas para avaliar a classificação para K = 0,30.

Obteremos a *matriz de classificação* e *Acurácia* seguintes:

Tabela de Classificação – ...

	Previsto		
Observado	**Não**	**Sim**	**% Correto**
não	2582	1439	64.213
sim	500	1639	76.625

Nota: o valor de corte é 0.3

Medidas preditivas

Acurácia
0.685

Nota: o valor de corte é 0.3

Figura 6.10 Matriz de classificação para K = 0,30.

Lembremos que, na amostra aleatória utilizada para desenvolver o modelo, temos um total de 6160 colaboradores. Destes, 4021 colaboradores (65,3%) com *abandono* = não e 2139 colaboradores (34,7%) com *abandono* = sim.

A *matriz de classificação* apresenta, nas linhas, as categorias reais dos colaboradores na amostra e, nas colunas, as categorias previstas adotando K = 0,30.

- Dos 4021 (2582 + 1439) colaboradores da amostra com *abandono* = não, 2582 foram corretamente classificados como "não" e 1439 foram classificados incorretamente como "sim". Na última coluna, temos a porcentagem (64,32%) de colaboradores com *abandono* = não corretamente classificados (2582 / 4021 = 0,642).
- Dos 2139 (500 + 1639) colaboradores da amostra com *abandono* = sim, 1639 foram corretamente classificados como "sim" e 500 foram classificados incorretamente como "não". Na última coluna, temos a porcentagem (76,6%) de colaboradores com *abandono* = sim corretamente classificados (1639/2139 = 0,766).
- A *acurácia* é a taxa de colaboradores da amostra corretamente classificados (2582 + 1639) / 6160 = 0,685.

Se o modelo desenvolvido tivesse sido utilizado no recrutamento como critério único, em vez dos 34,7% de colaboradores que abandonaram o emprego, teríamos apenas 23,9% (500 / 2139) de *abandono* = sim. Uma queda significativa! Em compensação, deixaríamos de contratar 35,8% (1439 / 4021) de candidatos que não abandonariam o emprego.

Se a direção da empresa desejasse reduzir ainda mais a porcentagem de candidatos que poderiam abandonar o emprego antes dos doze meses, poderia adotar K = 0,2. Nesse caso, teríamos:

Tabela de classificação – ...

	Previsto		
Observado	**Não**	**Sim**	**% Correto**
não	1723	2298	42.850
sim	339	1800	84.151

Nota: o valor de corte é 0.2

Medidas preditivas

Acurácia
0.572

Nota: o valor de corte é 0.2

Figura 6.11 Matriz de classificação para K = 0,20.

A porcentagem de candidatos indevidamente classificados como *abandono* = *não* cairia para 15,8% (339 / 2139). Em compensação, deixaríamos de contratar 57,2% (2298 / 4021) de candidatos que não abandonariam o emprego. Como comentamos, reduzindo um tipo de erro, automaticamente aumentamos o outro tipo de erro.

Como vemos, a fixação do ponto de corte não depende apenas de uma decisão do analista de dados, mas sim da política de contratação da empresa.

Uma forma de tentar reduzir os erros seria incluir novas variáveis no desenvolvimento do modelo. Isso nem sempre é possível por não termos disponíveis informações adicionais. Outra alternativa, seria tentar a utilização de técnicas de classificação mais avançadas. Mas qualquer uma delas não garante necessariamente a obtenção de melhores resultados.

6.5 EXERCÍCIOS

6.1. A planilha KLASS_SOLHEL[8] refere-se aos dados coletados e utilizados pela Indústria Farmacêutica Solhel para prever com certa antecedência o possível desligamento voluntário (*attrition*) de seus colaboradores. O objetivo é a redução da perda de colaboradores em um mercado no qual há excesso de oferta de empregos. As variáveis utilizadas são descritas na Tabela 6.3.

A variável resposta, ou seja, a que desejamos prever a partir das outras informações, é *attrition (demissão voluntária do emprego)*. As demais variáveis serão utilizadas como preditoras. Trata-se de um problema de classificação (queremos prever se um colaborador deve ser classificado ou não com potencial de desligamento), para tomar ações que evitem sua saída.

8 Essa base de dados foi adaptada a partir da base IBM HR Analytics Employee Attrition & Performance disponível em: https://www.kaggle.com/datasets/pavansubhasht/ibm-hr-analytics-attrition-dataset. As várias alterações feitas pelos autores visam simplificar a utilização para fins didáticos.

Tabela 6.3 Variáveis disponíveis em KLASS_SOLHELx

Variável	Descrição
colab	Identidade do colaborador
idade	Em anos completos em 01/01/2022
viagem	Frequência de viagens a trabalho em 2022
engajamento	Avaliação de engajamento em 01/01/2022
nivel	Nível hierárquico em 01/01/2022 (qualitativa)
job_satisf	Avaliação de satisfação no trabalho em 01/01/2022
ecivil	Estado civil em 01/01/2022
salario	Na data de demissão em milhares de G$
h_extras	Trabalhou horas extras mais que 20% dos dias em 2021
anos_exper	Experiência em anos completos em 01/01/2022
tempo_casa	Tempo na empresa até 01/01/2022
anos_superior	Anos no cargo com o superior em 01/01/2022
treinam	Horas/treinamentos internos realizados até 01/01/2022
local	Local onde trabalhava em 01/01/2022
distancia	Distância da residência ao local de trabalho em km
attrition	Pediu demissão em 2022 (sim ou não)

a) Utilizando as técnicas de Análise Exploratória de Dados (AED), analise a relação de cada variável preditora com a variável resposta *attrition.*

- Remova *outliers* e trate os valores faltantes, caso existam.
- Com base nessa análise, identifique quais as preditoras têm maior potencial de discriminar as duas categorias de *attrition.*

b) Desenvolva um modelo de regressão logística para prever a probabilidade de *attrition*, selecionando as variáveis preditoras que contribuem de maneira significativa para a aplicação do modelo no processo de recrutamento. Utilize a categoria *attrition* = *sim* como evento resposta. Verifique se as variáveis selecionadas já haviam sido identificadas no item a.

c) Determine a matriz de classificação e a acurácia considerando como ponto de corte para psim o valor K = 0,4. Interprete os valores da matriz de classificação.

d) Adotando esse ponto de corte, como classificaria os dois candidatos seguintes?

- João: idade = 45, viagens = poucas, nível = 3, job_satif = 3, estado civil = divorciado, treinamentos = 24 horas, local = fábrica 1, distância = 7,6 km, salário = 6,25, horas extras = não, experiência = 5, tempo de casa = 7, anos no cargo com o superior = 3.
- Maria: idade = 32, viagens = nunca, nível = 4, job_satif = 4, estado civil = casada, treinamentos = 32 horas, local = fábrica 1, distância = 3,4 km, salário = 7,32, horas extras = não, experiência = 4, tempo de casa = 2, anos no cargo com o superior = 2.

e) Repita os itens c e d, considerando K = 0,7. Compare os resultados das matrizes de classificação e as acurácias obtidas com os dois pontos de corte

6.2. Considere a planilha de dados KLASS_TZIBELE que contém os dados dos colaboradores da empresa Tzibele. O objetivo dos analistas de RH é analisar as diferenças entre os colaboradores que atingem ou excedem mensalmente todas as metas fixadas pela direção (colaboradores denominados *high performers* ou simplesmente hp) e os que não atingem.

Posteriormente, deseja-se preparar um modelo para dar suporte ao processo de recrutamento. Os colaboradores atuais foram avaliados e classificados após um ano de sua contratação. Os dados utilizados para análise e previsão foram os coletados na data de contratação.

Tabela 6.4 Variáveis do arquivo KLASS_TZIBELE

Variável	Descrição
ID	Identificação do colaborador
depto	Departamento onde foi alocado
educacao	Nível de instrução na data de recrutamento
sexo	Sexo
canal_recrut	Plataforma de recrutamento
dependentes	Número de dependentes na data de recrutamento
idade	Idade em anos completos na data de recrutamento
distancia	Distância do local de trabalho na data de recrutamento
cursos_especializacao	Tinha cursos de especialização na data de recrutamento
performance (alvo)	Avaliação da performance (hp; nohp)

a) Utilizando as técnicas de Análise Exploratória de Dados (AED), analise a relação de cada variável preditora com a variável resposta *performance*.

- Remova *outliers* e trate os valores faltantes, caso existam.
- Com base nessa análise, identifique quais as variáveis preditoras com maior potencial de discriminar as duas categorias de *performance*.

b) Desenvolva um modelo de regressão logística para prever *performance*, selecionando as variáveis preditoras que contribuem de maneira significativa para a aplicação do modelo no processo de recrutamento. Utilize a categoria *performance* = hp como grupo resposta. Verifique se as variáveis selecionadas já haviam sido identificadas no item a.

c) Determine a matriz de classificação e a acurácia, considerando como ponto de corte para psim o valor K = 0,6. Interprete os valores da matriz de classificação.

d) Adotando esse ponto de corte, como classificaria os dois candidatos seguintes?

- Jaci: depto = TI, educação = superior, sexo = feminino, canal de recrutamento = outros, dependentes = 3, idade = 38, distância = 6, cursos de especialização = sim.
- Dagmar: depto = produção, educação = superior, sexo = masculino, canal de recrutamento = *sourcing*, dependentes = 3, idade = 40, distância = 11, cursos de especialização = não.

GRÁFICA PAYM
Tel. [11] 4392-3344
paym@graficapaym.com.br